CATALOGUE

DE

LIVRES PRÉCIEUX

COMPOSANT LA

BIBLIOTHÈQUE DE M. LE COMTE DE M... S...

ART MILITAIRE, ÉQUITATION, TOURNOIS, BLASON

LA PLUPART RELIÉS EN MAROQUIN

DONT LA VENTE AURA LIEU

Les mercredi 25 et jeudi 26 février 1874, à deux heures

Hôtel des commissaires-priseurs, rue Drouot

SALLE N° 4

Par le ministère de Me CHARLES OUDART, commissaire-priseur

Rue Le Peletier, 31

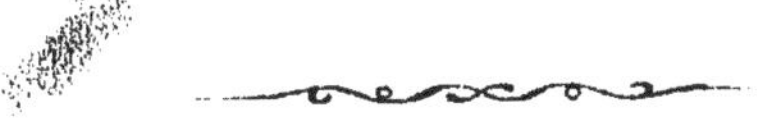

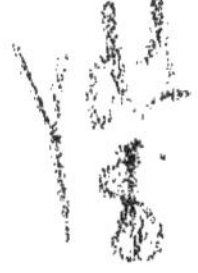

PARIS

LIBRAIRIE TROSS

5, RUE NEUVE-DES-PETITS-CHAMPS, 5

1874

Paris. — Imprimerie de Georges Chamerot, rue des Saints-Pères, 19.

CATALOGUE

DE

LIVRES PRÉCIEUX

RELIÉS EN MAROQUIN

ORDRE DES VACATIONS.

PREMIÈRE VACATION.	DEUXIÈME VACATION.
Mardi 25 *février*.	*Mercredi* 26 *février*.
274 — 290	124 — 273
13 — 123	
1 — 12	

Exposition particulière le 24 février, de 2 heures à 4 heures. Le Catalogue servira de carte d'entrée.

Exposition publique les jours de vente de 1 heure à 2 heures.

Paris. — Imprimerie Georges Chamerot, rue des Saints-Pères, 19.

CATALOGUE

DE

LIVRES PRÉCIEUX

COMPOSANT LA

BIBLIOTHÈQUE DE M. LE COMTE DE M... S...

ART MILITAIRE, ÉQUITATION, TOURNOIS, BLASON

LA PLUPART RELIÉS EN MAROQUIN

DONT LA VENTE AURA LIEU

Les mercredi 25 et jeudi 26 février 1874, à deux heures

Hôtel des commissaires-priseurs, rue Drouot

SALLE N° 4

Par le ministère de Me CHARLES OUDART, commissaire-priseur

Rue Le Peletier, 31

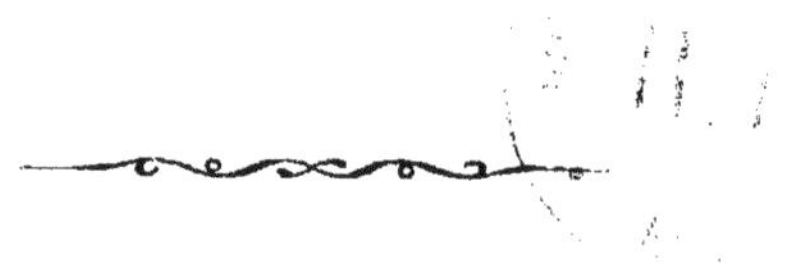

PARIS

LIBRAIRIE TROSS

5, RUE NEUVE-DES-PETITS-CHAMPS, 5

1874

CONDITIONS DE LA VENTE.

Les livres devront être collationnés sur place, dans les vingt-quatre heures de l'adjudication. Passé ce délai, ou une fois sortis de la salle de vente, ils ne seront repris pour aucune cause.

Les acquéreurs payeront 5 % en sus des enchères, applicables aux frais.

CATALOGUE

DE

LIVRES PRÉCIEUX

DE LA

BIBLIOTHÈQUE DE M. LE COMTE DE M** S*

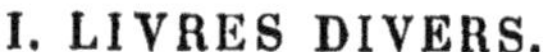

I. LIVRES DIVERS.

1. La Sainte Bible, d'après le latin de la Vulgate et les meilleures traductions autorisées par l'Église, avec de nombreuses notes explicatives, par M. l'abbé Delaunay. *Paris*, 1857, 5 vol. in-4, nomb. fig. mar. brun, fil. tr. dor. *Aux armes.* (*Hardy*).

Très-bel exemplaire.

2. Les Evangiles des Dimanches et Fêtes de l'année. *Paris, Curmer*, 1864, 2 vol. in-4, planches imprimées en or et couleurs et bordures. Maroq. rouge à riches comp. en or et couleurs, doublé de tabis, non rog. tête dor. (*Aux chiffres*).

Très-bel exemplaire de souscription, n° 420. On a ajouté : les Évangiles des dimanches et fêtes de l'année, suivis de prières à la sainte Vierge. Texte revu par M. l'abbé Delaunay. *Paris, Curmer, s. d.*, in-4, fig. en bois, demi-rel. mar. rouge, non rogné, tête dor.

3. Office de la Semaine Sainte à l'usage de la maison du Roy, avec l'explication des cérémonies de l'Eglise et des instructions, par l'abbé de Bellegarde. *Paris*, *Colombat*, 1741, gr. in-8, fig. mar. rouge à comp. tr. dor. (*Riche reliure aux armes de France.*)

4. L'Alcoran de Mahomet, translaté d'arabe en françois, par le sieur du Ryer. *Suivant la copie imprimée chez Ant. de Sommaville* (*Elzevier, à la Sphère*), 1649, pet. in-12, maroq. la Vallière fil. tr. dor. *Aux armes.* (*Hardy-Mennil*).

5. A History of the art of printing, from its invention to its wide-spread development in the middle of the 16th century. Preceded by a short account of the origin of the alphabet. By H. Noel Humphrey. With one hundred illustrations. *London, Quaritsch*, 1867, in-fol. fig. noires et color. Rel. en toile à compart. noir et or, non rogné.

6. Les Mimes, enseignemens et proverbes de Jan-Antoine de Baïf. *Paris, Mamert Patisson*, 1581, in-12, portr. grav. en bois, mar. olive, fil. tr. dor. (*Première reliure.*)

Bel exemplaire réglé, très-grand de marges.

7. La Henriade, poëme de Voltaire; ornée de dessins lithographiques. *Paris, Dubois*, 1825, in-fol. pap. vél. mar. bl. à comp. tr. dor. *Aux armes* (*Hering*).

8. Les Amours de Psyché et de Cupidon, par J. de la Fontaine, édition ornée de figures imprimées en couleur. *Paris, impr. de Didot le jeune*, 1791, gr. in-4, fig. veau rac. tr. dor.

9. Dante. Lo Inferno et Purgatorio et Paradiso. *Impresso in Venegia, nelle case d'Aldo et d'Andrea di Asola*, 1515, pet. in-8, maroq. la Vallière, fil. tr. dor. *Aux armes* (*Hardy-Mennil*).

10. Canzoniere et Triomphi di messer Francesco Petrarcha. *Impresso in Florentia per Philippo di Giunta*, 1515. Pet. in-8, belles fig. en bois de la grandeur des pages, mar. rouge, à compart. en couleur, tr. dor. (*Capé*).

Édition tout aussi rare que celle des Aldes. Très-bel exemplaire, presque non rogné.

11. Orlando furioso di Lodovico Ariosto. *Venetia, V. Valgrisi et B. Costatini*, 1557, in-12, fig. sur bois,

maroq. rouge compart. à petits fers, tr. dor. (*Hardy-Mennil*).

Édition microscopique. Belle et riche reliure.

12. Rime et prose del S. Torquato Tasso, di nuovo con diligentia riuedute, corrette et di vaghe figure adornate. *In Venetia, presso Aldo*, 1583.— Aggiunta alle rime et prose del Sig. Torquato Tasso. *Venetia, presso Aldo*, 1585, 3 vol. in-12, fig. sur bois, maroq. rouge, fil. tr. dor. *Aux armes* (*Hardy-Mennil*).

II. ART MILITAIRE.

13. Veteres de Re militari scriptores, scilicet : Flavii Vegetii Epitoma institutorum rei militaris.—Sexti Julii Frontini Strategematicon libri. — Æliani de instituendis aciebus Opus. — Modesti liber de Vocabulis rei militaris. *Romæ, per Eucharium Silber, alias Franck*, 1487, 4 part. en 1 vol. in-4, car. ronds, maroq. la Vallière, fil. tr. dor. *Aux armes* (*Hardy-Mennil*).

Première édition, fort rare. L'exemplaire la Vallière a été vendu 600 fr.

14. In hoc volumine continet. De re militari. De Magistratibus Vibis (*sic*). Et Sacerdotiis. Et de legibus. A la fin : Modesti de re militari... *liber, impressus opa et impendio Bartholomei cremonensis ac Bartholomei de carlo uercellensis, Venetiis, die XXVII Marcii.* M.cccc. lxxiv. (1474), in-4, caract. ronds, demi-rel. mar.

Première édition, d'une grande rareté. Très-bel exemplaire, ayant les grandes initiales en or et couleurs.

15. Vegetius de Re militari. 195 gravures en bois chiffrées dont les planches 77-80 manquent. A la fin : Omnes sunt terni preter Q qui est quaternus, in-fol. en feuilles, non rogné.

Cette curieuse suite, accompagnée d'aucun texte, commence par un frontispice représentant un lansquenet aux pieds duquel se trouve, sur une banderole, le titre rapporté ci-dessus. On remarque sur une tablette le monogramme P. V. M. Les figures représentent en partie des pièces d'artillerie curieuses. Nous ne trouvons aucune mention sur ce recueil, appartenant aux premières années du seizième siècle.

16. Flavii Vegetii Renati vier Bücher von der Ritterschaft. (Les quatre livres de la Chevalerie.) *Augsburg, Heinrich Stainer*, 1529, in-fol. goth. à 2 col. nomb. fig. en bois de la grandeur des pages, cart. dos de toile.

17. Fl. Vegetii Renati viri illustris de Re militari libri quatuor. Sexti Julii Frontini viri consularis de Strategematis. Æliani de instruendis aciebus. Modestus. *Parisiis, ex off. Chr. Wecheli*, 1535, in-fol. 120 fig. en bois de la grandeur des pages, veau fauve, fil. tr. dor. (*Rel. anc.*)

Bel exemplaire.

18. Flave Vegece Rene homme noble et illustre du fait de guerre et fleur de chevalerie. Sexte Jule Frontin des stratagemes de la guerre. Ælian. Modeste. Pareillement cxx. Histoires concernant le fait de guerre, ioinctes a Vegece, traduicts de latin en françois. *Paris, Chrestien Wechel*, 1536, in-fol. goth. 120 grav. en bois de la grandeur des pages. Mar. rouge, fil. tr. dor. *Aux armes*. (*Hardy-Mennil.*)

19. Fl. Vegetio del' Arte militare, ne la commune lingua novamento tradotto per messer Tizzoni di Posi. *Vinegia, Comin de Tridino de Montferrate*, 1540, pet. in-8, bord. grav. au titre, cart. dos de toile.

20. Commentaires sur les Institutions militaires de Végèce, par le comte Turpin de Crissé. *Montargis*, 1779, 3 vol. in-4, fig. veau marbr. fil. (*Aux armes*).

21. Astutie militari di Sesto Julio Frontino, di tutti li famosi et excellenti capitani romani, greci, barbari et hesteri. *Stampato in Vinegia per Giovan' Antonio di Nicolini da Sabio*, 1537, pet. in-8, car. ital. cart. dos de toile.

22. Roberti Valturii rei militaris libri duodecim. *Veronæ impressum anno dñi* M. CCCC. LXXXIII. (1483), in-fol. mar. rouge, fers à froid, tr. dor. *Aux armes* (*Hardy-Mennil*).

Le volume est orné de nombreuses et belles gravures en bois.

23. Valturius de Re militari, libri XII. *Parisiis, apud Chr. Wechelum*, 1532, in-fol. nombr. grav. sur bois, demi-rel. mar. r.

24. Cornazano de Re militari (poema in terza rima). *Pesaro, Hier. Soncino*, 1507, pet. in-8, caract. ital. cart. dos de toile.

Seconde édition, fort rare.

25. Vallo libro continente appertinente a capitani, etc. *Vinegia, V. et P. Romano della Serena et compagnie*, 1531, pet. in-8, fig. sur bois, maroq. vert, fil. tr. dor. *Aux armes*. (*Hardy-Mennil*.)

26. Clarissimi viri Jacobi Purliliarum comitis de Re militari liber. *Impressum Venetiis in ædibus Joa. Tacuini de Tridino*, 1520, in-4, caract. r. maroq. viol. fil. tr. dor. *Aux armes* (*Hardy-Mennil*).

27. Recherches d'antiquités militaires, avec la défense du chevalier Folard, par M. de Loo-Looz. *Paris, Jombert*, 1770, in-4, fig. veau mar. (*Aux armes de France*).

Exemplaires du régiment de Périgord.

28. Le Guidon des gens de guerre, ouquel (*sic*) est contenu l'art de sçavoir mener et conduyre gens de cheval et de pied, assieger villes, les assaillir et deffendre, faire rempart, bastillons, trenchées, batailles, bataillons, scoyadrons, entreprises, courses, et autres choses appartenantes à la guerre, utile et nécessaire à tous capitaines, et autres desirans suyvre le mestier des armes, faict et composé par Michel d'Amboyse. *On les vend à Paris... en la boutique de Galliot du Pré*, 1543.

pet. in-8, car. ronds, mar. r. fil. tr. dor. *Aux armes* (*Hardy-Mennil*).

Très-bel exemplaire d'un ouvrage des plus rares. Non cité dans le Manuel de Brunet.

29. Instruction sur le faict de la guerre (par Guillaume du Bellay, seig. de Langey). *Paris, Michel Vascosan, pour luy et Gaillot du Pré*, 1548, in-fol. mar. rouge, fil. tr. dor. *Aux armes*. (*Hardy-Mennil*).

Première édition.

30. Instructions sur le faict de la Guerre extraictes des liures de Polybe, Frontin, Vegece, Cornazan, Machiauelle, et plusieurs autres bons autheurs (par mess. Guillaume du Bellay, seign. de Langey). *Paris, de l'imprimerie de Michel Vascosan*, 1549, in-fol. cart.

31. Discipline militaire de messire Guillaume du Bellay, seigneur de Langey, premièrement fait et compilé par l'auteur tant de ce qu'il a leu des anciens et modernes, et nouvellement reueue et disposée le plus religieusement que s'est peu faire, sans preiudicier aux merites dudit auteur. *Lyon, Benoist Rigaud*, 1592, pet. in-8, vél.

Bel exemplaire, avec les tableaux pliés.

32. Du Devoir d'un capitaine et chef de guerre, aussi du combat en camp cloz ou duel. Le tout faict latin par Claude Cotereau, et mis en langue françoise par Gabriel du Preau. *On les vend à Poictiers à l'enseigne du Pelican*, 1547, in-4, car. ronds, maroq. la Vallière, fil. tr. dor. aux armes (*Hardy-Mennil*).

33. Tre libri della Disciplina militare, tradotti nella lingua italiana (da Membrino Roseo). *Venetia, Michele Tramezzino*, 1550, pet. in-8, cart. dos de toile.

34. Institution de la discipline militaire au royaume France. A treshault et trespuissant prince An-

toine roy de Navarre. *Lion, Macé Bonhomme*, 1559, in-fol. vél.

Volume fort rare, dont du Verdier ne connaissait pas le nom d'auteur.

35. La Nova Scientia di Nicolo Tartaglia, con una gionta al terzo libro. *Vinegia, Curtio Navo,* 1562, in-4, fig. sur bois, cart. dos de toile.

36. Della Disciplina militare del capitano Alfonso Adriano, libri III. *Venetia, L. Auanzo*, 1566, in-8, fig. sur bois, vél.

37. Tre quesiti in dialogo sopra il fare batterie, fortificare una città, et ordinar battaglie quadrate, con una disputa di precedenza tra l'arme et le lettere, di M. Dom. Mora. *Venetia, Varisco*, 1567. — Il primo libro del trattato militare di Giov. Mat. Cicogna, nel quale si contengono varie regole, per fare con l'ordinanza battaglie nuove di fanteria. *Venetia, Bariletto*, 1567. — Libro del misurar con la vista, di Silvio Belli Vicentino. *Venetia, Ziletti*, 1566. — 3 vol. en un, fig. sur bois, maroq. vert, fil. tr. dor. *Aux armes* (*Hardy-Mennil*).

38. Precetti della militia moderna, tanto per mare quanto per terra. Trattati da diversi nobilissimi ingegni, et raccolti con molta diligenza dal sign. Girol. Ruscelli. *Venetia, heredi di M. Sessa*, 1568, in-4, fig. cart. dos de toile.

39. Kriegsbuch, durch Leonardt Fronsperger. (A la fin) : *Getruckt zu Franckfurt am Mayn durch Martin Lechler, in verlegung Sigmundt Feyerabendt*, 1573, 3 tomes en 2 vol. in-fol., maroq. r. fil. tr. dor. *Aux armes* (*Hardy*).

Cet ouvrage est très-intéressant comme encyclopédie des sciences militaires au seizième siècle. Les nombreuses gravures sur bois, près de cinq cents, en font un livre remarquable. Outre ces planches sur bois, on trouve de grandes eaux-fortes, représentant des siéges, combats navals, etc., le tout gravé par J. Amman (Becker, pp. 36-39). Les eaux-fortes ont été artistement coloriées à l'époque.

40. Il primo libro del Trattato militare di Giov. Math. Cicogna. *Venetia*, *Castelli*, 1583, in-4, fig. sur bois, cart. dos de toile.

41. Delle Ordinanze et battaglie del sign. Cesare d'Evoli con un nuouo trattato de gli alloggiamenti di campagna. *Roma, T. et P. Diani*, 1586, in-fol. fig. sur bois, cart. dos de toile, non rog.

42. Arte militare terrestre e maritima, secondo la regione e l'uso de' più valorosi capitani antichi e moderni, già descritta da M. Savorgnano conte di Belgrado, et hora ridotta alla sua integrità et politezza da Cesare Campano. *Venetia*, *Francesco de' Franceschini*, 1599, in-fol. fig. sur bois, cart. dos de toile.

43. Discours politiques et militaires du sieur de la Noue, recueillis et mis en lumière par le sieur de Fresnes. (*Genève*), *pour Pierre et Jacques Chouet*, 1614, in-16, maroq. la Vallière. fil. tr. dor. *Aux armes* (*Hardy-Mennil*).

44. Les Questions militaires. — Méthode pour résoudre facilement toute question militaire proposée. — Les épistres, par le sieur du Pressac. *Paris*, *Guillemot et Thiboust*, 1614, 3 part. 1 vol. in-8, cart.

45. Theatro militare del capitano Flaminio Croce. *Anversa*, *H. Aertssio*, 1617, in-4, fig. en taille-douce, cart. dos de toile.

46. Les Principes de l'art militaire, par J. de Billon, sieur de la Prugne. *Rouen*, *J. Berthelin*, 1621, 2 parties. — Ordonnances militaires touchant l'ordre, règlement, discipline, police et devoir de l'infanterie françoise, le tout recueilli du code Henry, par le capitaine S. Chaman. *Rouen*, 1626, 1 vol. in-8, fig. sur bois, vél.

47. La Charge du mareschal des logis tant général que particulier, soit de toute une armée de cavallerie et infanterie en général que d'une bri-

gade et régiment de pied et à cheval, par David de Solemne. *La Haye, H. Hondius*, 1632, gr. in-fol. demi-rel. mar. r.

Volume rare. Exemplaire avec les grandes planches pliées, gravées par H. Hondius.

48. Principes et fondements de l'art militaire, concernant l'exercice des armes prattiqué en Hollande, etc., avec l'explication et démonstration des évolutions et factions. Jointes les observations par le sieur Gamaliel de la Tour. *Genève, Phil. Gamonet*, 1634, 2 tomes en 1 vol. in-12, mar. vert, fil. tr. dor. aux armes (*Hardy-Mennil*).

49. Kriegs-Büchlein, das ist grundtliche Anleitung zum Kriegswesen. (Petit livre de guerre, ou enseignement exact de l'art militaire, par le capitaine J. Lavater.) *Zurich*, 1644, in-4, nombr. planches, vél.

Rare. Plusieurs planches représentent des exercices et costumes militaires dans le genre de de Gheyn et Boxel.

50. Instructions militaires, divisées en six livres, par H. Debillon, escuyer, sieur de la Prugne, lieutenant de Monsieur de Chappes. In-fol. demi-rel. mar. r.

Beau manuscrit sur papier, du milieu du dix-septième siècle, avec un grand nombre de dessins noirs et coloriés. La Dédicace au Roy porte la signature autographe de l'auteur. Ce précieux volume se compose de 542 feuillets, non compris le feuillet de dédicace.

51. Les Élémens de l'Art militaire, où se voient la fortification, la marine, l'artillerie, les marches et campemens d'une armée, avec l'explication des charges de tous ceux qui composent les armées de terre et de mer, par Cl. Roussel. *Paris, s. d.*, gr. in-fol.

Curieuse planche gravée sur cuivre; 72 cent. de largeur sur 49 cent. de hauteur.

52. Indrizzo del nuovo soldato, d'Ant. Mauritio Valperga. *Napoli, Cicconio*, 1653-55, 2 part. en 1 vol. in-12, fig. cart. dos de toile.

53. Nic. Upton de studio militari, Joh. de Bado Aureo, Tractatus de armis. — Henr. Spelmanni Aspilogia, ed. Bilsæus e cod. mss. primus publ. juris fecit notisque illustravit. *Londini*, 1654, 2 vol. en 1, in-fol. fig. demi-rel. mar. rouge.

Bel exemplaire d'un livre rare, orné d'un beau portrait de Spelmann, par Faithorne. Nombreuses illustrations par Hollar, grandes devises, armoiries, etc.

54. L'Art de la guerre et la Manière dont on la fait à présent (par L. de Gaya). *Paris*, *Michallet*, 1679, in-12, fig. mar. r. fil. tr. dor. *Aux armes*. (*Hardy-Mennil*.)

55. La Conduite de Mars, nécessaire à tous ceux qui font profession des armes, ou qui ont dessein de s'y engager ; autorisée d'exemples arrivés dans ces derniers temps, avec des Mémoires contenant divers événements remarquables arrivés pendant la guerre d'Hollande. *La Haye*, *H. Van Bulderen*, 1685, in-12, mar. r. fil. tr. dor. *Aux armes*. (*Hardy-Mennil*.)

56. Flagello militare, overo il terror de' conflitti, istruttione guerrera, del Cap. Batt. Martena. *Napoli*, *Carlo Troise*, 1687, in-4, figures en taille-douce, cart. dos de toile.

57. L'École de Mars, ou Mémoires instructifs sur toutes les parties qui composent le corps militaire en France, avec leurs origines, et les différentes manœuvres ausquelles elles sont employées, par M. de Guignard. *Paris*, *Simard*, 1725, 2 vol. in-4, nombreuses et belles planches, v. br.

58. Art de la guerre par principes et par règles, ouvrage de M. le maréchal de Puységur, mis au jour par le marquis de Puységur son fils. *Paris*, *Jombert*, 1748, 2 tomes en 1 vol. gr. in-fol., portrait, planches et vignettes, demi-rel. mar. r.

59. L'Art de la guerre pratique, par M. Ray de Saint-Geniés. *Paris*, *Jombert*, 1754, 2 tomes en 1 vol. in-12, veau v. fil.

60. Institutions militaires pour la cavalerie et les dragons, par M. de la Porterie. *Paris*, *Guillyn*, 1754, in-8, 12 planches, cart. dos de toile.

61. Essai sur l'art de la guerre, par le comte Turpin de Crissé. *Paris, Prault et Jombert*, 1754, 2 vol. in-4, fig., maroq. rouge fil. tr. dor. (*Anc. reliure française, aux armes de Bavière.*)

62. L'Art militaire du partisan, dédié à Monseigneur le prince de Condé, par le baron de Wüst. *La Haye*, 1768, in-8, maroq. r. fil. tr. dor. (*Anc. reliure.*)

Belle reliure, aux armes du duc d'Orléans.

63. Maximes de guerre, relatives à la guerre de campagne et à celle des siéges, par le comte de Kevenhuller, trad. par le baron de Sinclaire. *Paris*, *Lacombe*, 1771, in-12, mar. rouge dent. tr. dor., aux armes. (*Anc. rel.*)

64. Essai général de tactique, précédé d'un discours sur l'état actuel de la politique et de la science militaire en Europe (par de Guybert). *Londres, chez les libraires associés*, 1772, 2 tomes en 1 vol. in-4, nombreuses planches, veau marbr. fil. (*Aux armes.*)

65. Fragments de tactique, ou six mémoires, sur les chasseurs, sur la manœuvre de l'infanterie, sur la colonne, etc. (par le baron de Mesnil-Durand). *Paris*, *Jombert*, 1774, in-4, 7 planches pliées, veau marbr. (*Aux armes.*)

66. Pensées sur la tactique et sur la stratégie, ou vrais principes de la science militaire, par le marquis de Silva. *Turin*, *Impr. royale*, 1778, in-4, 36 planches demi-rel. mar. r.

67. Règlement concernant les troupes provinciales. Du 1er mars 1778. *Paris*, *Imprimerie royale*, 1778, in-fol. br.

68. Manuel à l'usage des jeunes gens qui se destinent à entrer dans la garde nationale; suivi d'un

dictionnaire complet de tous les termes militaires. *Paris*, *Maradan*, 1790, in-8, frontisp. gr., maroq. bleu fil. tr. dor. *Aux armes*. (*Hardy-Mennil.*)

69. Planches relatives au règlement concernant l'exercice et les manœuvres de l'infanterie, du 1er août 1791. *Paris, Impr. royale*, 1791, in-fol., 86 pages de texte et 40 planches, mar. r. fil. tr. dor. *Aux armes*. (*Hardy-Mennil.*)

70. École de soldat et de peloton, faisant partie du règlement concernant l'exercice de l'infanterie françoise du 1er août 1791. Nouvelle édition, enrichie de 13 planches, par Chr. de Mechel. *Basle*, 1799, 2 part. en 1 vol. in-8, fig. en taille-douce, cart. dos de toile.

71. Mélanges militaires, littéraires et sentimentales (par le prince de Ligne). *A mon refuge sur le Leopoldsberg près de Vienne, et se vend à Dresde chez les frères Walther*, 1795–97, 20 tomes en 21 vol. pet. in-8, fig. demi-rel. veau f.

Suite complète et des plus rares.

72. Grundriss der höhern Kriegs-Kunst, und Beyspiele ihrer zweckmässigen Anwendung, für die Generale der östereichischen Armee. *Wien, K.-K. Hof-und Staatsdruckerey*, 1808, gr. in-fol. plans, mar. la Vall. compart. tr. dor. *Aux armes*. (*Hardy-Mennil.*)

Volume rare, publié par l'archiduc Charles d'Autriche.

73. Mémoires sur l'organisation de la cavalerie et l'organisation des corps, par Préval. *Paris*, 1816, in-8, mar. rouge, dent. tr. dor.

Avec envoi autographe de l'auteur au duc de Chartres.

74. Vallo libro continente apertinence à capitani, retenere et fortificare una città con bastioni, etc. *Vineggia*, *Ravanno*, 1535, pet. in-8, nombreuses gravures sur bois, cart. dos de toile.

75. Pratique générale des fortifications, pour les tracer sur le papier et le terrain, sans avoir égard

à aucune méthode particulière (par le P. Pierre Ango). *Moulins*, *Claude Vernay*, 1679, in-12, fig. sur bois, maroq. chocol. fil. tr. dor. *Aux armes.* (*Hardy-Mennil.*)

76. Abrégé des remarques sur le gouvernement et défense des Places; qui est le véritable Abc d'un soldat curieux. *Hanovre, N. Foerster*, 1681, pet. in-12, cart.

77. De l'Attaque et de la défense des places, par M. Vauban. *La Haye*, *P. de Hondt*, 1737, 2 vol. in-4, fig. veau br.

78. Pirotechnia del Signor Vannuccio Biringuccio Senese, corretta da Nat. Doriguzzi. *Bologna*, *Longhi*, 1678, pet. in-8, fig. sur bois, cart. dos de toile.

79. La Pyrotechnie, ou Art du feu; où l'on traite de la diversité de minières, fusions et séparations des métaux: des formes et moules pour jetter artillerie, cloches et figures: des distillations, des mines, contre-mines, pots, boulets, fusées, lames et autres feux artificiels, par le S. Vannuccio Biringuccio, et trad. par J. Vincent. *Paris*, *Claude Fremy*, 1572, in-4, fig. en bois, cart. dos de toile.

80. Canons et mortiers qui se trouvent à Cassel. 1698-1705. Très-beaux dessins au nombre de 40 à l'encre de Chine ou en couleurs, en partie signés Barbonez, représentant en général des pièces richement ornementées. D'autres dessins ajoutés. Gr. in-fol. demi-rel. dos de toile.

81. La Forge de Vulcain, ou l'Appareil des machines de guerre. Traité curieux, dans lequel on fait voir comme en raccourci quel sont les instrumens militaires, etc., par le chev. de Saint-Julien. *La Haye*, *G. de Voye*, 1705, in-8, fig. en bois, mar. r. tr. dor. *Aux armes.* (*Hardy-Mennil.*)

82. Evolution navale, ou l'Art de ranger les armées de mer dans l'ordre qui convient et de régler leurs

mouvements. Beau manuscrit de 183 pages, exécuté en 1772, gr. in-folio, mar. bleu, fil. tr. dor. *Aux armes.* (*Hardy-Mennil.*)

Le volume est orné de nombreux et jolis dessins à la plume.

83. Code militaire, ou Compilation des ordonnances des Rois de France, concernant les gens de guerre. *Paris, Gandouin*, 1728, 3 vol. in-12, front. grav. mar. rouge, fil. tr. dor. (*Aux armes de Mirabeau.*)

III. GUERRES. — CAMPAGNES.

84. Commentari di C. Giulio Cesare, con le figure di Andrea Palladio. Le quali rappresentano à gl'occhi di chi legge, accampamenti, ordinanzi, et incontri di essercitti, etc. *Venetia, Nicolo Misserini*, 1619, in-4, nombr. fig. grav. en taille-douce. mar. r. fil. tr. dor. (*Belle rel. anc.*)

85. Le Parfait Capitaine, autrement l'abrégé des guerres des Commentaires de César, augmenté d'un traicté de l'interest des princes et Estats de la chrestienté. *Jouxte la copie imprimée à Paris*, 1642, pet. in-12, bas.

Par le duc de Rohan.

86. Guillelmi Caoursin Rhodiorum Viceecancellarij Rhodie Urbis descriptio. *Impressum Vlme p. ioannē Reger. Anno dñi.* M.CCCC.XCVI (1496). *Die xxiiij octob.* In-fol. goth. cuir de Russie, fers à froid, tr. dor.

Volume de 60 feuillets, très-rare, sur le siége de Rhodes. Il est orné de 36 *curieuses figures en bois* de la grandeur des pages. Bel exemplaire.

87. Oratio in laudem belli, habita ab ipso Marte, in postremo Cameracensi concilio, ad conciliandam pacem convocato, postridie calendas græcas, per Thomam Lineum Buscium ducem. *Iperis vænit Gaspari à lapide.* A la fin : *Impressum Parisiis a Christ. Wechelo*, 1531, pet. in-8, mar. br. fil. tr. dor. *Aux armes.* (*Hardy-Mennil.*)

88. La Historia dell' impresa di Tripoli in Barberia, della presa del Pegnon di Velez della Gomera in Africa, et del successo della potentiss. armata Tuschesca sopra l'Isola di Malta l'anno 1565. La descrittione dell' Isola di Malta; il disegno dell' Isola delle Zerbe, etc. *S. l. n. d.*, (1565), pet. in-4, X et 88 ff. chiffr., avec une grande planche pliée grav. en taille-douce, cart. dos de toile.

On a ajouté à l'exemplaire un grand et beau plan de Zerbi, gravé par Sebastianus à Regibus. Alfonso Ulloa, qui a publié le volume, parle, dans la préface, de la bibliothèque de Fernan Colomb.

89. Collection de planches de Hogenberg. L'entreprise de Charles V contre Thunis. 1535. Les troubles et guerres des Pays-Bas, 1556-1584. — Les troubles et les guerres de religion en France, 1561-1568. — La guerre de Henry IV en Normandie, 1592-94. — Les guerres de Hollande et sur le bord du Rhin, 1595-1601, et d'autres planches. En tout 355 gravures in-fol. obl. mar. r. fil. tr. dor. *Aux armes.* (*Hardy.*)

Recueil factice du plus haut intérêt. C'est une gazette en images qui représente les événements les plus remarquables du seizième siècle.

90. De Leone belgico, ejusque topographica atque historica descriptione liber, quinque partibus Gubernatorum Philippi regis Hispaniarum ordine distinctus insuper et eleg. illius artificis Francisci Hogenbergii 142 figuris ornatus. Michaele Aitsingero auctore. *Coloniæ Ubiorum*, *G. Campensis*, 1586, pet. in-fol. fig. en taille-douce et cart. mar. la Vall. à compart. tr. dor. *Aux armes.* (*Hardy-Mennil.*)

Nombreuses représentations de batailles, de combats, de siéges, etc.

91. Campeggiamenti, overo istorie del Piemonte, Torino assediato e non soccorso, descritte dal conte Eman. Tesauro. *Bologna*, *Monti*, 1643, in-4, frontisp. gr. cart. dos de toile.

92. Mémoires guerriers de ce qui s'est passé aux Pays-Bas depuis le commencement de l'an 1606

jusques à la fin de l'année 1606, par Ch.-Alex. duc de Croy. *Anvers, H. Verdussen*, 1648, in-4, frontisp. gr. et 35 planches (les nos 5 et 6 manquent), cart. dos de toile.

Beaux portraits de Philippe IV et du duc de Croy.

93. Histoire de la campagne de M. le prince de Condé en Flandre en 1674, par le chevalier de Beaurain. *Paris*, 1774, in-fol., plans et cartes, demi-rel. mar. r.

94. Manuscrit sur les campagnes de 1675 et 1676, et sur les différents faits politiques de toute l'Europe, même époque. In-fol., demi-rel. veau f.

Journal tenu par un officier supérieur dont nous ignorons le nom. A la fin du volume, on lit sur l'auteur les vers suivants, d'une main un peu postérieure :

Vous escriués bien vaillamment,
Vous ne combattés pas de mesme.
Un bois venu dans un moment
Vous a rendu la face blesme.
Les Allemands ainsy que nous
Ne font pas grand état de vous.

95. Campagne de Belgique, mai à octobre, 1692, gr. in-fol. demi-rel. mar. r.

Admirable manuscrit calligraphique, orné de beaux dessins en couleurs. Celui de l'*Ordre de bataille des deux armées le jour de la revue du Roy dans la plaine entre Gevries et les Estines, le* 21e *may* 1692, mesure 87 centim. de hauteur sur 1 mètre 25 de largeur.

96. La Guerre d'Espagne, de Bavière et de Flandre, ou Mémoires du marquis D***, avec les plans des batailles qui se sont données. *Cologne, P. Marteau*, 1708, 2 vol. in-12. figures et plans, cart. dos de toile.

97. Histoire militaire du prince Eugène de Savoye, du duc de Marlbourough et du prince de Nassau-Frise, par Dumont, baron de Carelscroon et Rousset. *A la Haye, Isaac Van der Kloot*, 1729. 3 vol. gr. in-fol. fig. en taille-douce. Mar. rouge à compart. tr. dor. *Aux armes*. (*Hardy-Mennil.*)

Exemplaire en grand papier.

98. Carte générale de la monarchie françoise, contenant l'histoire militaire depuis Clovis, premier

Roy chrêtien, jusqu'à la quinzième année accomplie du règne de Louis XV, par le sieur Lemau de la Jaisse. *Paris*, 1733, gr. in-fol. mar. rouge à comp. tr. dor. *Aux armes* (*Hardy-Mennil.*)

99. Mémoires pour servir à l'histoire de la guerre de 1741, par M. le marquis de Langeron. Campagne de Bavière en 1745, in-fol. 643 pages et de nombr. cartes en couleurs, mar. rouge fil. tr. dor. (*Anc. rel. aux armes.*)

Beau manuscrit, daté de 1757.

100. Camps, siéges, batailles, etc., du maréchal de Saxe dans les Pays-Bas, en 1744, 1745, 1746, 1747 et 1748. Avec la carte générale des cinq campagnes du maréchal dans les Pays-Bas. Gr. in-fol. mar. la Vall. tr. dor. (*Belz-Niedrée.*)

Ce magnifique recueil, précédé d'un frontispice dessiné à l'encre de Chine et de 6 feuillets de texte imprimés, contient 103 magnifiques cartes et plans d'une grande dimension, *dessinés et coloriés avec le plus grand soin;* il est probable que cette précieuse collection, qui est de la plus haute importance historique, a été exécutée pour le maréchal de Saxe lui-même.

101. Mes Rêveries, ouvrage posthume de Maurice de Saxe, augmenté d'une histoire abrégée de sa vie et de différentes pièces qui y ont rapport, par l'abbé Péreau. *Amsterdam et Leipzig*, *et se trouve à Paris chez Desaint et Saillant*, 1757, 2 vol. in-4, fig. mar. rouge, fil. tr. dor. *Aux armes.* (*Hardy-Mennil.*)

Exemplaire extraordinaire, avec les figures coloriées.

102. Histoire de Maurice, comte de Saxe, par M. le baron d'Espagnac. *Paris*, *Pierres*, 1775, 3 vol. in-4, dont un de cartes et plans, portr. v. mar.

103. Les Campagnes de Louis XV le Bien-Aimé, représentées par des figures allégoriques, avec une explication historique, par A. Gosmond de Vernon. *Paris*, 1751, gr. in-4. mar. r. fil. tr. dor. *Aux armes.* (*Hardy-Mennil.*)

Beau recueil, entièrement gravé.

104. Camps topographiques de la campagne de 1757, en Westphalie, commencée par le maréchal d'Estrées, continuée par le duc de Richelieu, et finie par M. le comte de Clermont, par le sieur Du Bois. *La Haye,* 1760, in-4, obl., 60 planches, cart. dos de toile, n. rog.

105. Atlas topographique et militaire qui comprend le royaume de Bohême, les marquisats de Moravie et de Lusace, le duché de Silésie, la haute et basse Saxe, partie des cercles de Westphalie et du Rhin, ou du théâtre de la guerre présente en Allemagne. *Paris*, *Jullien*, 1760, in-4, mar. vert, dent. tr. dor. (*Padeloup.*)

106. Atlas géographique et militaire, ou théâtre de la guerre présente en Allemagne où sont marqués les marches et campements des armées depuis aoust 1756 jusqu'au commencement de 1762, par Rizzi-Zannoni. *Paris, Lattré,* 1761, in-12, cartes color. mar. vert, fil. tr. dor. (*Rel. anc.*)

107. Commentaires sur les Mémoires de Montecuculi, par le comte Turpin de Crissé. *Paris*, *Lacombe et Lejay*, 1769, 3 vol. in-8, fig. veau, mar. fil. (*Aux armes.*)

108. Journal de la campagne de 1760 entre l'armée du roi aux ordres de M. le maréchal duc de Broglie, et celle des Alliés, par M. L. R. D. B., officier de dragons. *Francfort,* 1761, gr. in-4, carte et 6 grands plans. cart, dos de toile.

109. Travail du lieutenant général comte de Behague pour le roi, remis en double à S. A. R. Monsieur, 1er juillet 1799. In-fol. mar. rouge, dent. tr. dor. (*Anc. rel.*)

Ce beau manuscrit calligraphique sur les guerres de la Vendée est orné de nombreux dessins coloriés, cartes, plans, costumes militaires, etc.

110. Recueil d'estampes représentant les différents événements de la guerre qui a procuré l'indépendance aux Etats-Unis d'Amérique, gravé par

Ponce et Godefroy. *Paris, s. d.* (1783), in-4, mar. rouge, fil. tr. dor. *Aux armes.* (*Hardy-Mennil.*)

111. L'Etat militaire de l'empire ottoman, ses progrès et sa décadence, par le comte de Marsigli. *La Haye et Amsterdam*, 1732, 2 tomes en 1 vol. in-fol. nombreuses planches, v. br.

IV. UNIFORMES. — COSTUMES MILITAIRES.

112. Waffenhandlung von den Rören, Musquetten und Spiessen. (Le maniement des arquebuses et des piques, représenté en figures par Jacques de Geyn). *Ins Graven-Hagen*, 1608, 3 part., 1 vol. in-fol. fig. en taille-douce, mar. br. fil. tr. dor. *Aux armes.* (*Hardy-Mennil.*)

Très-bel exemplaire.

113. Le Mareschal de bataille, contenant le maniement des armes, les évolutions; plusieurs bataillons, tant contre l'infanterie que contre la cavalerie; divers ordres de batailles, etc., par le sieur de Lostelneau. *Paris, Est. Migon*, 1647, in-fol. fig. en taille-douce, mar. br. tr. dor. *Aux armes.* (*Hardy-Mennil.*)

114. Die Drillkunst, das ist kriegsübliche Waffenhandlung der Musqueten und Piquen. (Maniement du mousquet et des piques, avec un texte en allemand et en français, par Isselburg.) *Nürnberg*, 1664, in-4, obl., jolies gravures de costumes militaires, parch.

Très-rare.

115. Exercitie Memoire van de Compagnie Guardes van de Heeren Staten van Holland. (Le maniement d'armes et l'exercice des gardes des Etats de Hollande, par J. Boxel.) *S'Graven-Hage, N. van Cöevenhoven* (1669), in-4, nombreuses planches gravées en taille-douce, mar. la Vall., fil. tr. dor. *Aux armes.* (*Hardy-Mennil.*)

116. Drilkonst, of hedendaagshe Wapen-OEffening door Henderik van Buren. (L'art de manier les armes d'après l'exercice actuel.) *Amsterdam, Doornik,* 1672, pet. in-8, goth. fig. vél.

Petit volume fort rare, qui contient des gravures dans le genre de celles de l'ouvrage de de Gheyn.

117. Eigentlicher Underricht, und figurliche Darstellung wie man die Handgriff mit der Musquette und dem Spiess lehren soll. (Instruction pour apprendre le maniement des armes.) *S. Gallen, J. Redinger* (vers 1690), gr. in-folio, avec 20 gravures en bois.

Placard destiné à être affiché dans les casernes.

118. Nouveau Recueil des troupes légères de France levées depuis la présente guerre, avec la date de leur création, leur uniforme et leurs armes. Dessiné d'après nature par de la Rue. *Paris, Chereau,* 1747, in-fol. Titre, dédicace et 12 planches grav. par de la Fosse, mar. rouge à comp. tr. dor. *Aux armes.* (*Hardy-Mennil.*)

119. Exercice de l'infanterie françoise, ordonné par le roy le 6 mai 1755, dessiné d'après nature dans toutes ses positions, et gravé par S.-R. Baudoin. *Paris,* 1757, gr. in-fol., 63 planches et texte gravé, mar. la Vall., fil. tr. dor. *Aux armes* (*Hardy-Mennil.*)

120. Uniformes militaires où se trouvent gravés en taille-douce les uniformes de la maison du Roy, de tous les régiments de France, les drapeaux, étendards et guidons, avec la date de leur création, et les différentes figures de l'exercice de la cavalerie et de l'infanterie, dessiné et gravé par le sieur de Montigny. *Paris, chez l'auteur,* 1772, in-12, veau marbr.

Volume fort rare. Exemplaire avec planches coloriées.

121. Loyal volunteers of London and environs, infantry and cavalry, in their respective uniforms.

Representing the whole of the manual, plantoon and funeral exercise, in 87 plates, designed and etched by T. Rowlandson. *London, Ackermann* (1798), gr. in-4, fig. color. et reh. d'or, mar. bleu, dent. tr. dor. (*Rel. angl.*)

Beau et rare volume.

122. Uniforme. (*Paris*), 1817, gr. in-fol., 78 planches, cart. n. rog.

Il n'a été tiré que cinq ou six exemplaires de cet ouvrage, resté inachevé, et sorti de l'Imprimerie royale. Il était composé et en partie dessiné par le général Bardin. Ce devait être le type complet de l'uniforme de France. Il a été entrepris et exécuté par les ordres du duc de Feltre, et fut mis au pilon par les ordres de son successeur, le maréchal Gouvion. La gravure en est d'une précieuse exécution.

123. Uniformes des troupes de l'Allemagne et de l'Autriche. *S. l. n. d.* (*vers* 1836), gr. in-4, 195 planches non chiffrées, avec souscriptions en allemand et coloriées avec le plus grand soin.

Curieuse et rare collection, dont les feuilles portent le timbre sec : *H.-A. Engel et Chr. Weiss.* Prusse, 1 à 39. — Autriche, 40 à 67. — Saxe royale, 68 à 89. — Bavière, 90 à 92. — Hanovre, 93 à 109. — Duché de Holstein, 110 à 120. — Différents duchés, 121 à 153. — Les deux Hesses, 154 à 174. — Divers et villes libres, 157 à 195. — Dans un carton dos de mar.

V. ÉQUITATION. — HIPPIATRIQUE.

124. Hippiatria, sive marescalia Laurentii Rusii, frenorum formæ, etc. *Lutetiæ, apud Chr. Wechelum*, 1532, in-fol. fig. en bois, mar. vert, fil. tr. dor. *Aux armes*. (*Hardy-Mennil.*)

125. Ordini di cavalcare, et modi di conoscere le nature de' cavalli, emendare i vitii loro, et ammæstrargli per l'uso della guerra, composti da F. Grisone. *Venetia, Perchacino*, 1565, pet. in-8, fig. sur bois, cart. de toile.

126. Del Signor Batt. Ferraro libri quattro de' quali si tratta delle razze, della disciplina del cavalcare, e di molte altre cose appertinenti a si fatto essercitio. *In Campagna, D. Nibio e G. F. Scaglione*, 1570, in-4, veau br.

Raccommodages dans les marges.

127. Il Cavalerizzo di Claudio Corte, nel qual si tratta della natura de' caualli, delle razze, del modo di governarli, domarli et frenarli. *Venetia,Ziletti,* 1573, in-4, cart. dos de toile.

Exemplaire Huzard.

128. Mors de chevaux, 136 beaux dessins à la plume et lavés à l'encre de Chine dans la seconde moitié du XVIe siècle, gr. in-folio, veau brun à comp. (*Première reliure.*)

Ce beau volume appartenait, en 1594, au baron Chr. de Wolckhenstein.

129. Ein schönes und nützliches Bissbuch. (Le nouveau livre de mors de chevaux, par Mang Seutter, écuyer de Marx Fugger. *Anno* 1584.) Nouvelle édition avec 206 planches grav. sur cuivre. *Augsburg, Dabertzhofer,* 1614, gr. in-fol., beau front. grav. par Al. Mair., mar. la Vall. à comp. tr. dor. *Aux armes.* (*Hardy-Mennil.*)

Beau et rare volume.

130. Von der Gestuterey (Traité des haras), par Marx Fugger, seigneur de Kiirhberg. *Franckfurt am Mayn, S. Feyrabend,* 1584, in-fol. fig. en bois, par Josse Amman, mar. la Vall., fil. tr. dor. *Aux armes.* (*Hardy-Mennil.*)

131. Races de chevaux. A. Tempesta inven. et sculps., 1590, 28 planches montées, mar. la Vall., compart. tr. dor. *Aux armes.* (*Hardy-Mennil.*)

Recueil très-rare, dont le frontispice ne porte point d'intitulé. On a ajouté une 29e planche d'un plus grand format.

132. Thrésor de tout ce qui concerne les bestes chevalines, contenant la manière de leur génération, nourriture et gouvernement, à sçavoir leur rut, sailleures, poulinement, de les engraisser, purger, tenir sains, les corriger s'ils sont rétifs, umbrageux, furieux, lasches, difficiles au montoir, à ferrer, à brider, et autres vices, etc., traduit d'italien en françois. *Lyon, Benoist Rigaud,* 1591,

in-16, mar. viol. fil. tr. dor. *Aux armes.* (*Hardy-Mennil.*)

Le nom du traducteur pourrait se déchiffrer par la souscription de l'épître dédicatoire : *A peine y suis.*

133. Della caualleria. Grundtlicher Bericht von Allem was zu der Reutterei gehörig, und ainem Cavalier zu wissen gebuert, durch G. Engelhardt von Loehneysen. (Instruction pour tous les amateurs de l'équitation, et science d'un chevalier.) *S. l.* (*Remmlingen*), 1609. — Gründtlicher Bericht von Zäumen, auch von allerley Ritterspielen. (Instruction concernant les mors et les tournois.) *S. l.*, 1610, 2 tomes en 1 vol. gr. in-fol., fig. veau brun.

Ouvrage de la plus grande rareté, orné de belles gravures sur bois et en taille-douce; on y trouve des descriptions et représentations de tournois et carrousels, avec la musique, des figures de costumes, etc., etc. L'exemplaire est un peu mouillé.

134. Georg Engelhard von Löhneisen, neu eröffnete Hof-Kriegs-und Reitschul, herausg. von Valentin Trichter. *Nürnberg*, 1729, 6 part. en 1 vol. in-fol. demi-rel.

Édition renouvelée de l'ouvrage précédent, ornée de nouvelles gravures d'équitation, de tournois, etc.

135. Regole militari del cavalier Melzo sopra il governo e servitio della cavalleria. *In Anversa, appr. Gioach. Trognæsio*, 1611, in-fol. nombr. fig. en taille-douce, mar. la Vall., fil. tr. dor. *Aux armes.* (*Hardy-Mennil.*)

136. Le Gouvernement de la cavallerie légère. Traicté qui comprend mesme ce qui concerne la graue, pour l'intelligence des capitaines, par George Basta, gouverneur général en Vngrie et Transiluanie. *Rouen, Jean Berthelin*, 1616, in-fol. fig. en taille-douce, mar. la Vall., fil. tr. dor. *Aux armes.* (*Hardy-Mennil.*)

137. Art militaire à cheval. Instruction des principes et fondements de la cavallerie et de ses quatre espèces, asçavoir lances, corrasses, arquebus

et drageons, avec tout ce qui est de leur charge et exercice, par Jacques de Wallhausen. *Zutphen, André d'Aelst,* 1621, in-fol. fig. en taille-douce, mar. la Vall., fil. tr. dor. *Aux armes.* (*Hardy-Mennil.*)

138. La Cavalerie françoise et italienne, ou l'Art de bien dresser les chevaux selon les préceptes des bonnes écoles, tant pour le plaisir de la carrière et des carozels que pour le service de la guerre, par P. de la Nove. *Lyon, Claude Morillon,* 1621, in-fol. fig. en taille-douce, mar. la Vall., fil. tr. dor. *Aux armes.* (*Hardy-Mennil.*)

139. L'Instruction du roy en l'exercice de monter à cheval, par M. Antoine de Pluvinel, son escuyer principal. Le tout enrichy de grandes figures en taille-douce, desseignées et gravées par Crispian de Pas le Ieune. *Paris, Michel Nivelle,* 1625, in-fol. mar. rouge à compart. tr. dor. *Aux armes.* (*Hardy-Mennil.*)

Exemplaire précieux, contenant la planche représentant le roi Louis XIII, nu, à cheval.

140. Instruction du roy en l'exercice de monter à cheval, par messire Antoine de Pluvinel, avec la continuation de du Breüil Pompée. *Francfort,* 1670, in-fol. mar. r. fil. tr. dor. *Aux armes.* (*Hardy-Mennil.*)

Édition très-rare, avec texte en français et en allemand. Les nombreuses estampes, gravées par M. Merian, et au fond desquelles on remarque de jolies vues de Paris, sont, pour l'exécution, supérieures à celles de Crispin de Pas.

141. La Pratique du cavalier, ou l'Exercice de monter à cheval, par M. René de Menou. Ensemble, un traité des moyens d'empescher les duels, et bannir les vices qui les causent. *Paris, Loyson,* 1651, in-4, front. grav. et fig. en taille-douce, mar. rouge à comp. tr. dor. (*Belle reliure ancienne fleurdelisée.*)

Charmant exemplaire.

142. Méthode et invention nouvelle de dresser les chevaux, par le prince Guillaume (Cavendish), marquis et comte de New-Castle... œuvre auquel on apprend à travailler les chevaux selon la nature, etc. *Anvers, Jacques Van Meurs*, 1657, gr. in-fol., frontisp. gr. et 42 belles planches, par Abr. à Diepenbeke, gr. par Lucas Vorstermans, mar. bleu, fil. dos orné. tr. dor. (*Bonne reliure ancienne.*)

Édition originale, très-rare.

Exemplaire, provenant de la bibliothèque de M. Huzard, et en dernier lieu de la vente du baron J. Pichon, où il a été payé 1,200 francs, frais non compris.

143. A general System of horsemanship in all it's branches, containing a faithful translation of that most noble and useful work of William Cavendish, duke of Newcastle, with all the original copper-plates. *London, Brindley*, 1743, 2 tomes en 1 vol. gr. in-fol., mar. rouge, fil. tr. dor. *Aux armes*. (*Hardy.*)

Très-bel exemplaire d'un ouvrage rare en France, qui contient, outre les planches qui accompagnent le Newcastle, un grand nombre d'autres, dont plusieurs imprimées en couleurs.

144. Anweisung die Pferde abzurichten. La Méthode nouvelle pour dresser les chevaux, inventée par Guillaume, duc de New-Castle, traduit en allemand par Ferd., baron de Pernauer. *Nürnberg, Raspe*, 1764, in-fol. avec 82 gravures en taille-douce, veau.

145. Il Cavallo di razza, riconosciuto del segno de' marche, delle più perfette razze del Venetiano, Lombardia, et parte della Romagna. Raccolta fatta per Annania Zeno. *Venetia, per el Valuensense*, 1658, in-16, fig. mar. bleu. fil. tr. dor. *Aux armes*. (*Hardy-Mennil.*)

146. Il Cavallo da maneggio. Libro dove si tratta della nobilissima virtù del cavalcare, di Gio. Batt. Galiberto. *Vienna d'Austria*, *Giacomo Kyrneri,*

1660, in-fol. fig. en taille-douce, mar. la Vall., fil. tr. dor. *Aux armes.* (*Hardy-Mennil.*)

147. Le Modèle du cavalier françois, par le sieur de Beaurepaire. *Paris, de l'imprimerie d'A. Chougneux, et se vend chez l'auteur*, 1665, in-8, fig. cart. dos de toile.

148. Le Grand Mareschal, où il est traité de la parfaite connoissance des chevaux, avec l'anatomie de Ruyni, représentée en 64 fig. en taille-douce. Le tout recueilly des meilleurs autheurs grecs, latins, allemans, italiens, espagnols et françois qui ont écrit sur cette matière. *Paris, E. Loyson*, 1667, in-fol. fig. vél.

149. Le Véritable et Parfait Mareschal, qui enseigne à connoistre la beauté, la bonté et les défauts des chevaux, etc. Ensemble un traitté du haras, pour élever des beaux poulains, et les receptes pour bien emboucher les chevaux, par le sieur de Salleysel (en françois et allemand). Abrégé de l'art de monter à cheval. *Genève, H. Widerhold*, 1677, in-fol., front. grav., par Fr. Diodati et fig. mar. rouge, fil. tr. dor. *Aux armes.* (*Hardy-Mennil.*)

150. Les Arts de l'homme d'épée, ou Dictionnaire du gentilhomme, contenant l'art de monter à cheval, par Guillet. *Paris, Gervais Clousier*, 1678, 2 tomes en 1 vol. in-12, fig. cart. dos de toile.

151. Georgi Simonis Winter Bellerophon, sive eques peritus, hoc est artis equestris accuratissima institutio. *Norimbergæ*, 1678, in-fol. 104 planches pour l'équitation et 114 figures de mors, demi-rel. mar. r.

152. G. S. Winteri Hippiater expertus, seu medicina equorum absolutissima. (Texte en latin et en allemand.) *Norimbergæ*, 1678, in-fol. 41 planch. en taille-douce, demi-rel. maroq.

153. Traité nouveau et augmenté de G. S. Winter de Adlersflugel pour faire race de chevaux (en français, latin, allemand et italien). *Nuremberg, Endter*, 1703, in-fol. fig. en taille-douce, mar. r. fil tr. dor. *Aux armes*. (*Hardy-Mennil.*)

154. The experienced Farrier : or a compleat treatise of horsemanship. Fitted to the use not only of gentlemen, but of all farriers, grooms, jockeys and breeders of horses (by E. R. Gent.). *London, W. Whitwood*, 1691, in-4, pl. veau à comp.

Petit défaut aux pages 190, 191.

155. Deutliche Abbildung einer Reitschule. (Représentation d'un manége bien établi.) *J. Ch. Weigel, exc., s. l.* (*Augsbourg, vers* 1700.) 14 planches et 1 f. de texte, in-fol. obl. cart. non rog.

156. La Connoissance parfaite des chevaux, contenant la manière de les gouverner et entretenir en bon corps, et de les conserver en santé dans les voyages. Joint une nouvelle instruction sur les haras et l'art de monter à cheval et de dresser les chevaux de manége, tiré non-seulement des meilleurs auteurs qui en ont écrit, mais encore des mémoires manuscrits de feu M. Delcampes. *Paris, P. Ribou*, 1712, in-8, jolies figures en taille-douce, maroq. viol. fil. tr. dor. *Aux armes*. (*Hardy-Mennil.*)

157. L'Art de monter à cheval, en tailles-douces inventées et dessinées par Jean-Elie Ridinger. *Augsbourg, J. Wolff*, 1722, gr. in-fol. obl. Titre et 22 planches, mar. vert. fil. tr. dor. *Aux armes*. (*Hardy-Mennil.*)

158. Etudes de chevaux par J.-El. Ridinger. Collection de 52 planches, coloriées par l'auteur lui-même et montées sur papier de Bristol. Gr. in-4, maroq. vert, fil. tr. dor. *Aux armes*. (*Hardy-Mennil.*)

Suite d'une grande beauté.

159. Turckischer Pferdsaufbuz, von El. Ridinger. Ornement de chevaux à la turque, 4 planches, et différentes races de chevaux, 28 planches, précédées d'un titre imprimé en caractères mobiles. *Augsbourg*, 1732, gr. in-fol. obl. maroq. vert, fil. tr. dor. *Aux armes.* (*Hardy-Mennil.*)

160. Opera di D. Giuseppo d'Alessandro duca di Peschiolanciano, divisa in cinque libri, ne' quali si tratta delle regole di cavalcare, della professione di spada, ed altri esercizi d'armi, con figure di briglie, torni e brisce, ed encora con le figure de' merchi delle razze più nobili del regno di Napoli. Parimente con l'aggiunta d'alcune rime, lettere, e trattati di fisonomia, pittura, etc., *Napoli*, 1723, in-fol. grand nombre de gravures en taille douce, demi-rel. maroq. r.

Volume rare sur l'équitation et l'escrime.

161. Twenty five actions of the manage horse, engrav'd by Josephus Sympson, from original drawings of M. John Vanderbanck : to which are added two of the english hunter, with the figure of a fine horse, etc. *London.* 1729, in-4, cart. dos de toile.

Beau et rare volume.

162. L'Art de monter à cheval, ou description du manége moderne dans la perfection. Ecrit et dessiné par le baron d'Eisenberg, et gravé par B. Picart. *La Haye, Gosse et Neaulme*, 1733, in-fol. obl. mar. rouge, fil. tr. dor. *Aux armes.* (*Hardy-Mennil.*)

163. L'Art de monter à cheval, ou Description du manége moderne dans sa perfection, par le baron d'Eisenberg. *La Haye*, *Pierre de Hondt*, 1737, in-fol. obl. fig. de B. Picart, veau à compart.

164. Anti-maquignonnage, pour éviter la surprise dans l'emplette des chevaux. Par le baron d'Eisenberg, directeur et premier écuyer de l'Acadé-

mie de S. M. I. *Firenze, Stamperia imperiale*, 1753, in-fol. fig. en taille-douce. Maroq. brun, fil. tr. dor. *Aux armes*. (*Hardy-Mennil.*)

165. La Parfaite Connoissance des chevaux, par J. de Saunier, continuée et donnée au public par Gaspard de Saunier. *La Haye, imprimé pour l'Auteur*, 1734, in-fol. portr. et fig. en taille-douce, maroq. brun à compart. tr. dor. *Aux armes*. (*Hardy-Mennil.*)

166. L'Art de la cavalerie, ou la Manière de devenir bon écuyer, par des règles aisées et propres à dresser les chevaux à tous les usages que l'utilité et le plaisir de l'homme exigent, tant pour le manége que pour la guerre, la chasse, la courre, etc. Par Gaspard de Saunier. *Amsterdam, Neaulme*, 1756, in-fol. fig. en taille-douce, mar. la Vallière, fil. tr. dor. *Aux armes*. (*Hardy-Mennil.*)

167. École de cavalerie, contenant la connoissance, l'instruction et la conservation du cheval. Avec figures en taille-douce. Par M. de la Guérinière. *Paris*, 1751, in-fol. mar. la Vallière, fil. tr. dor. *Aux armes*. (*Hardy-Mennil.*)

168. The Anatomy of the horse, including a particular description of the bones, cartilages, muscles, fascias, ligaments, nerves, arteries, veins and glands, in eighteen tables, all done from nature, by G. Stubbs. *London*, 1766, très-gr. in-fol. obl. fig. cart. dos de toile.

169. Manuel du cavalier, qui renferme les connoissances nécessaires pour conserver un cheval en santé... par le baron de Sind. *Paris, Desprez*, 1766, in-12, fig. cart. dos de toile.

170. Des Freyherrn von Sind vollständiger Unterricht in den Wissenschaften eines Stallmeister. Mit einem Lehrbegriff der Pferdearzneykunst. *Göttingen*, 1775, 4 part. en 2 vol. in-8, fig. en taille-douce, cart.

171. Essai sur les haras, ou Examen méthodique des moyens propres pour établir, diriger et faire prospérer les haras, suivi de deux traités : dans l'un on montre une méthode facile de bien examiner les chevaux que l'on veut acheter; dans l'autre on traite de la méchanique des mors. *Turin, chez les frères Reycends,* 1769, in-8, fig. maroq. viol. fil. tr. dor. *Aux armes.* (*Hardy-Mennil.*)

172. Pferde-Arzenei-Kunst, oder gründtlicher Unterricht die äusserlichen und innerlichen Gebrechen der Pferde aus dem Grunde zu heilen, durch D. Robertson. *S. l.*, 1770, pet. in-8, fig. en taille-douce, cart. dos de toile.

173. Cours d'hippiatrique, ou Traité complet de la médecine des chevaux. Orné de 65 planches gravées avec soin (et coloriées). Par M. Lafosse. *Paris, Edme,* 1772, gr. in-fol. portr. double frontisp. noir et color. mar. brun, fil. tr. dor. *Aux armes.* (*Hardy-Mennil.*)

Bel exemplaire en grand papier.

174. Traité de cavalerie, par le comte Drummond de Melfort. *Paris, G. Desprez,* 1776. Grand in-fol. et atlas très-grand in-fol. mar. la Vall. à comp. tr. dor. *Aux armes.* (*Hardy-Mennil.*)

175. Traité d'équitation, par feu M. de Montfaucon de Rogles. *Paris, Impr. royale,* 1728, in-4, fig. cart. dos de toile.

176. Mémoire artificielle des principes relatifs à la fidèle représentation du cheval, tant en peinture qu'en sculpture, par feu M. Coiffon et par M. Vincent. Ouvrage également intéressant pour les personnes qui se destinent à l'art de monter à cheval... *Alfort, chez l'Auteur,* 1779, 2 tomes, 1 vol. in-fol. fig. demi-rel.

Exemplaire en grand papier.

177. Vollständige Pferde-Wissenschaft. (Parfaite Connaissance des chevaux.) Von J.-G. Prizelius. *Leipzig*, 1777, in-4, fig. cart.

178. Le Nouveau Parfait Maréchal, ou la Connaissance générale et universelle du cheval, par Fr-A. de Garsault. 5e édition. *Paris, Barrois*, 1797, in-4, fig. en taille-douce, cart. dos de toile.

179. Observations on the structure, œconomy and diseases of the foot of the horse, and on the principles and practice of shoeing, by Edward Coleman. *London*, 1798, 2 vol. in-4, fig. noires et color. cart. dos de toile.

180. Réflexions sur la réorganisation des haras, amélioration des chevaux, et le rétablissement des manéges, par M. L. de Maleden. *Versailles et Paris*. 1803-1805, in-8 cart. dos de toile.

Avec envoi autographe de l'auteur.

181. The Art of horsemanship altered and abbreviated, according tho the principles of the late sir Sidney Medows, by Strickland Freeman. *London*, 1806, gr. in-4, nombreuses planches, cuir de Russie.

182. The History and delineation of the horse in all his varieties. With a particular investigation of the character of the race-horse and the business of the Turf. Illustrated by anecdotes and biographical notices of distinguished sportsmen. By John Lawrence. *London*, *Albion Press*, 1809, in-4, pap. vél. fig. en taille-douce, demi-rel. non rogné.

183. Le Parfait Cocher, ou l'Art d'entretenir et de conduire un équipage à Paris et en campagne, avec une instruction aux cochers sur les chevaux de carrosse, et une connaissance abrégée des principales maladies auxquelles les chevaux sont sujets. (Par le duc de Nivernois.) *Paris, Mérigot*,

1744, in-12, frontisp. gr. maroq, viol. fil. tr. dor. *Aux armes.* (*Hardy-Mennil.*)

184. Entwurff einiger Thiere, wie solche nach ihren unterschiedenen Arten, Actionen und Leidenschaften nach dem Leben gezeichnet, von J.-E. Ridinger. *Augspurg,* 1738-54, 7 part. en 1 vol. in-fol. 126 planches, demi-rel. marcq. r.

Suite complète ; les deux dernières parties contiennent les chevaux et les mulets.

185. Représentation des animaux selon leur grande variété et leurs belles couleurs, suivant des dessins originels publiés par Martin Elie et par Jean-Jacques Ridinger. *Imprimé à Augsbourg* (*vers* 1768). 2 vol. en un, gr. in-fol. fig. col. maroq. vert, fil. tr. dor. *Aux armes.* (*Hardy-Mennil.*)

Bel exemplaire. On trouve difficilement ce livre, dont les planches sont belles. Le premier volume est orné de 64 planches, y compris le portrait de J.-L. Ridinger, à qui l'on doit les dessins de cet ouvrage. Le second volume contient 65 planches, y compris le frontispice.

186. Abbildung der jagtbaren Thiere (Représentation des animaux dont on fait la chasse), par Jean-Elie Ridinger. *Augspurg,* 1740, gr. in-fol. titre, 23 planches et 1 feuillet de texte. Maroq. vert, fil. tr. dor. *Aux armes.* (*Hardy-Mennil.*)

Très-bel exemplaire.

187. Chiens, chevaux, scènes de chasse, etc. 18 planches en manière noire, par G.-P. Rugendas, gr. in-fol. obl. — Costumes de cavalerie, par le même, 7 pl. in-4, avec inscriptions en italien.

VI. TOURNOIS. — ARMURES. — ESCRIME. — DUELS.

188. Anfang, Ursprung und Herkommen des Thurniers inn Teutscher Nation. Wievil Thurnier bisz uff den letztenn zu Wormbs. Auch wie unnd an welchen Orten die gehalten... *Dis Buch ist gedruckt in Verlegung Hieronymi Rodlers zu Siemern,* 1532, in-fol. goth. nombreuses gravures sur bois et blasons, maroq. rouge, fil. tr. dor. *Aux armes.* (*Hardy.*)

Ce volume, imprimé dans le château ou dans la petite ville de Simmern, sur le Hunsrueck, est intéressant pour l'histoire des fêtes et cérémonies du treizième au seizième siècle. Il est aussi d'une certaine importance pour l'histoire de la noblesse allemande de cette époque. Rodler était secrétaire du comte palatin, qui y résidait à cette époque.

189. Thurnierbuch, Das ist warhaffte Beschreibung der Thurnier im heyligen römischen Reich Teutscher Nation. (Livre de tournois, par Ruexner.)— Beschreibung aller Ritterspiel so Maximilian, Koenig zu Boeheim, zu Wien hat lassen halten. — Desz Keyser Carols V Ankunft gen Bintz, 22 Aug. 1549. *Franckfurt, S. Feyrabend,* 1579, 3 part. en 1 vol. in-fol. nombr. fig. en bois. Maroq. la Vall. fil. tr. dor. *Aux armes.* (*Monneret.*)

Quatrième édition, augmentée; les figures ont été gravées d'après les dessins de Josse Amman.

190. Meraugis de Portlesguez. Roman de la Table ronde par Raoul de Houdenc. Publié par H. Michelant d'après les manuscrits de Vienne et de Turin. Avec illustrations représentant les miniatures du manuscrit de Vienne. *Paris,* 1869, gr. in-8, avec 19 gravures en bois, chaque page entourée d'un filet rouge, maroq. rouge, large dent. tr. dor. dans un étui. (*Splendide reliure de Lortic.*)

Magnifique exemplaire imprimé sur PEAU DE VÉLIN. Les charmantes figures représentent des combats, des tournois, etc.

191. Itinerarium Georg's von Ehingen, das ist Reise nach der Ritterschaft. (Voyage de chevalerie, la description d'un combat près de la ville de Sept, en Afrique.) *Augsburg, Custodis,* 1600. In-fol. 10 portr. grav. en taille-douce, demi-rel. maroq. r.

Ce voyage, entrepris pour chercher des aventures chevaleresques, a été fait de 1455 à 1457. L'auteur fut admis aux cours de Ladislas de Hongrie, Charles VII de France, Henri IV de Castille, Henri VI d'Angleterre, Alphonse V de Portugal, Philippe de Chypre, Jean de Navarre, Jacques II d'Écosse et de l'empereur Frédéric IV, dont les portraits se trouvent dans le volume, gravés par D. Custodis d'après les dessins originaux.

192. Images des saints et saintes issus de la famille de l'empereur Maximilien Ier. Dessins à la plume

originaux de la fin du xve siècle, 120 pièces pet. in-fol. obl. maroq. brun, fers à froid, tr. dor. (*Lortic.*)

On a attribué les dessins de cette suite à HANS BURGKMAIER; MAIS ILS SONT DE BEAUCOUP ANTÉRIEURS A CET ARTISTE, ET EN GRANDE PARTIE SUPÉRIEURS A SES MEILLEURS TRAVAUX. Il les a copiés et remaniés pour la collection qui a été gravée pour l'empereur Maximilien Ier, sans atteindre de loin l'auteur de ces originaux.

Le volume contient sept dessins qui ne se trouvent pas dans la suite gravée, savoir : sainte Aldegundis; — sainte Waldetrudis; — saint Gwido, duc de Lorraine; — saint Cleodolphus; — sainte Nottburga; — saint Carlomanus; — saint Drogo; — tandis que sainte Elisabeth de Hongrie, — saint Georges, — sainte Hedwige, — sainte Madelberte et saint Rathon ne se trouvent pas dans notre volume.

La B. Agnès, abbesse de Sainte-Claire, à Prague, est nommée ici sainte Vertula; — saint Germain, abbé de Granfel, figure parmi les dessins comme Reinhartus, fils de Witger, comte de Brabant; — et saint Louis, évêque de Toulouse, y devient Louis, roi de Sicile. — Les saints anglais se trouvent en grand nombre dans ce précieux recueil.

Ces dessins, tout à fait remarquables, ont été légèrement coloriés par le maître qui les a inventés. On trouvera difficilement une suite de cette époque d'une pareille valeur artistique.

193. Der Weisskunig. Tableau des principaux événements de la vie de l'empereur Maximilien Ier. 237 grav. en bois, exécutées d'après les dessins de H. Burgkmaier. *Vienne*, 1775, in-fol. — Supplément. 8 planches qui manquent dans les éditions de 1775 et 1799, copiées par Johannes Schratt. *Paris*, 1867. In-fol. mar. vert, fil. tr. dor. (*Gruel.*)

Ouvrage commencé sous le règne de Maximilien Ier, et gravé par les premiers artistes de l'époque, achevé après sa mort, et publié pour la première fois en 1775. Les figures représentent des scènes d'intérieur, des fêtes, cérémonies, tournois, batailles, etc.

Magnifique exemplaire en papier collé et relié sur brochure.

194. Burgkmaier's Turnierbuch. C'est-à-dire : Livre de tournois, dessiné pour l'empereur Maximilien, par Hans Burgkmaier, et publié par J. von Hefner. *Francfort*, 1853-56, gr. in-fol. fig. maroq. rouge, fil. tr. dor. *Aux armes*. (*Hardy.*)

Très-belle publication. Les planches ont été peintes et rehaussées d'or et d'argent, d'après les miniatures du manuscrit original.

195. Turnier-Buch Herzogs Wilhelm des Vierten von Bayern, von 1510-1545. (Le Livre de tournois de Guillaume IV, duc de Bavière, publié

d'après le manuscrit original par Th. et Chr. Senefelder, avec des explications par Fr. Schlichtegroll.) *München*, 1817, in-fol. obl. fig. color. et rehaussées d'or et d'argent. Maroq. brun, fil. tr. dor. *Aux armes*. (*Hardy-Mennil.*)

Cette magnifique publication a été tirée à très-petit nombre. Le duc Guillaume de Bavière a figuré en personne dans 31 tournois, et c'est son héraut d'armes, Hans Schenk, qui a rédigé et fait dessiner ce précieux monument.

196. Livre de tournois. Collection de 52 dessins en couleurs représentant les Patriciens de Nuremberg qui ont pris part au tournoi célébré dans cette ville en 1539. In-fol. mar. brun, plats ornés tête dor. (*Petit.*)

Collection curieuse, formée au seizième siècle. Les chevaliers sont représentés à cheval, en pleine armure de tournoi. Ils sont accompagnés de leurs blasons, et l'on remarque sur chaque dessin le nom du combattant, et en général celui de son père et de sa mère.

197. Thournier, Kampff unnd Ritterspiel, Inn Eroberunge aines Gefährlichen Thürns und Zauberer Schloss, auch der Abentheuerlichen Insell, unnd Güldinn Schwerdts. Zu Ehren... Hernn Philipsen ausz Hispanien zu Bintz und Marienberg Ritterlich gehalten, *Franckfurt*, *Chr. Egenolph*, 1550, in-fol. goth. fig. sur bois. Maroq. rouge, fil. tr. dor. *Aux armes*. (*Hardy*.)

Bel exemplaire d'un curieux et très-rare volume.

198. Dessins originaux de maîtres allemands, pour armures de luxe destinées à des Rois de France, publiés par J.-H. de Hefner-Alteneck, et photograph. par Fr. Bruckmann. *Munich*, *s. d.*, gr. in-fol. mar. vert, fil. tr. dor. *Aux armes*. (*Hardy-Mennil.*)

Cette curieuse collection prouve qu'un certain nombre d'armures attribuées à Benvenuto Cellini et autres maîtres italiens sont d'origine allemande.

199. Patricii Respublicæ Nuremberg. Das ist 83 uhralte Adeliche Geschlecht von 300 Jahren hero. *S. l.* (*avant* 1600). In-fol. vél.

Costumes et armures. 83 eaux-fortes gravées par Kaler, titre gravé, 2 feuillets d'introduction imprimés en caractères mobiles, et 4 feuillets de table imprimés également en caractères typographiques. Ces 6 feuillets manquent à presque tous les exemplaires.

Magnifique exemplaire du *premier tirage*, avec les Hüller et les Prüller. — Ce beau volume contient encore 26 autres costumes, dessinés à la plume et coloriés à l'époque.

200. La Danse des noces, par Hans Scheufelein, reproduite par J. Schratt, et publiée par Edwin Tross. Avec une notice biographique sur Hans Scheufelein, par le docteur Andresen. *Paris*, 1865, 1 vol. in-fol. cart. en toile.

Exemplaire en papier vergé, tiré à petit nombre.

Cette danse, une des meilleures productions xylographiques de la première moitié du seizième siècle, a été exécutée vers 1530. Elle se compose de 21 planches, dont une, de double grandeur, représente les musiciens sur une tribune.

201. L'Entrée de Henri II, roi de France, à Rouen, au mois d'octobre 1550. Imprimé pour la première fois d'après un manuscrit de la bibliothèque de Rouen, orné de 10 planches gravées à l'eau-forte par Louis de Merval, accompagné de notes bibliographiques et historiques par S. de Merval. *Rouen, Le Brument*, 1869, in-fol. obl. pap. de Holl., br.

Tiré à 100 exemplaires numérotés à la presse, celui-ci porte le n° 26.

202. Dialoghi, ne' quali si narrano le cose più notabili fatte nelle Nozze dello ill. Prenc. Guglielmo VI, conte Palatino del Reno, e Duca di Baviera, e dell' ill. Madama Renata di Loreno, tradotti nella lingua Castigliana da Giovanni Miranda, dell' ital. di Mass. Trojano. *Venetia, appresso Bolognino Zaltieri*, 1569. In-4, 4 ff. prél. dont un port. de Troiano gr. en taille-douce, 200 ff. chiffr. et 12 ff. pour la table, fig. sur bois, cart. dos de toile.

La traduction espagnole se trouve en face du texte italien. On décrit en détail, dans ce livre, toutes les cérémonies du mariage, le repas des noces, qui fut des plus singuliers, les bals, les tournois sur la grande place de Munich, qui furent splendides, etc.

203. Nobiltà di Dame del Pr. Fabritio Caroso da Sermoneta, libro, altra volte, chiamato il Ballarino. Con le Creanze necessari à Caualieri e Donne. Aggiontoui il Basso, et il Soprano della Musica.

Ornato di vaghe e bellissime Figure. *In Venetia, presso il Muschio*, 1600, in-4, gr. en taille-douce, parch.

Beaux costumes de la noblesse milanaise. Les planches ont été gravées par Giacomo Francho.

204. Insignia sacræ cæsareæ Majestatis, principum electorum, ac aliquot illustrissimarum, illustrium, nobilium, et aliarum familiarum, formis artificiosissimis expressa (a Jodoco Amman). Omnia in gratiam Studiosorum collecta atque edita. *Impressum Francofurti ad Mœnum, apud Georgium Corvinum*, 1579, in-4, fig. en bois, mar. la Vall. fil. tr. dor. *Aux armes*. (*Hardy-Mennil.*)

Bel exemplaire d'un volume très-rare, dont les gravures, d'une exécution artistique, représentent des blasons, des costumes civils et militaires, etc.

205. Recueil factice de gravures en taille-douce et en bois, par J. Amman, Wierix, Cr. de Pas, Paulus Mair et autres, représ. des costumes militaires, des chevaux, des portraits équestres, etc. Gros vol. in-4, veau à comp. (*Aux armes des Kress.*)

Cette curieuse collection a été formée par H.-W. Kress von Kressenstein. La reliure du volume est datée de 1627.

206. Le Chevalier chrestien, contenant un dialogue entre un Chrestien et un Payen. Composé par F. Benoist, Anglois. *Paris, Ch. Chastellain*, 1609, in-8, front. grav. et fig. en bois, veau fauve, fil. tr. dor. (*Anc. rel.*)

Volume singulier, dédié à Henri IV. Les nombreuses gravures représentent jusque dans les plus petits détails les pièces qui servent à l'armement d'un chevalier.

207. Il Torneo, di Bonaventura Pistofilo. *In Bologna, per il Ferrone*, 1627, in-4, frontisp. gr. portr. et nombreuses gravures, mar. rouge fil. tr. dor. *Aux armes*. (*Hardy-Mennil.*)

Livre rare, orné de 117 planches de Coriolano, très-curieuses pour les costumes militaires et l'étude des armes.

208. Duello, libro de' re, imperatori, principi, signori, gentilhomini, et de tutti armigeri, continente diffide, concordie, pace, casi accadenti, et

judicii con ragione, exempli et authoritate de' poeti, hystoriographi, philosophi, legisti, etc.... per il generoso Misser Paris de Puteo. *Stampata in Venetia, per Gregorio de Gregoriis*, 1523, pet. in-8, caract. ronds, cart. dos de toile.

Troisième édition en italien, fort rare. Notes manuscrites.

209. Di Antonio Manciolino Bolognese opera nova, doue li sono tutti li documenti et vantaggi che si pono hauere nel mestier de l'armi d'ogni sorte. *Vinegia, Nicolo d'Aristotile detto Zoppino*, 1531, pet. in-8, fig. sur bois, demi-rel. mar.

210. Duello de lo excellentissimo e clarissimo Andrea Alciato, fatto di latino italiano à commune utilità. *Venitia, Vinc. Vaugris*, 1545, pet. in-8, cart. dos de toile.

211. Duello del Fausto de Longiano. *Venetia, Valgrisi*, 1552, pet. in-8, cart. dos de toile.

212. Di Cavalleria e duello per il Signor Don Costantino Castriota. *Napoli, M. Cance*, 1553, pet. in-8, cart. dos de toile.

213. Dialogho brieve et distinto, nel quale si ragiona del duello, et si decide ben cento, e più questioni; d'autore incerto (allo ill. Sig. Nestore Baglione). *Padova, Gracioso Porchacino*, 1561, in-4, cart.

214. Il Duello di M. Dario Attendoli, con le autorità delle leggi. Con la giunta d'un Discorso del medesimo da ridurre ogni querela alla pace. *Vinegia, Giolito*, 1563-64, 2 tomes en 1 vol. pet. in-8, cart. dos de toile.

215. Dell' Arte di scrimia libri tre, di M. Gio. dall' Agocchie. Ne' quali si tratta: Dell' arte dello schermire, della giostra, dell' ordinar Battaglie. *Venetia, G. Tamborino*, 1572, in-4, cart.

216. De lo Schermo, overo scienza d'Arme di Salvator Fabris. *Cōpenhaven, Henrico Waltkirch*, 1606, in-fol., fig. en taille-douce et portr. du roi

Chrétien IV, mar. r. fil. tr. dor. *Aux armes.* (*Hardy-Mennil.*)

Beau et rare volume.

217. Della Scherma napolitana, dove si prova che la scherma sia scienza, e non arte, si danno le vere norme di spada e pugnale, di F. Ant. Mattei. *In Foggia, Nouello de Bonis*, 1669, pet. in-8, cart. dos de toile.

218. Les Vrays Principes de l'Espée seule, dediez au roy, par le Sr. de la Touche. (*Paris*, 1670), in-4, oblong, 35 planches, veau marbr.

Très-beau livre d'escrime.

219. Die alamodische ritterliche Fecht-Kunst. — Auslegung der Voltagier-Kunst. (L'Art de tirer l'épée et de voltiger.) Durch Alexander Doyle auss Irrland, Chur-Maintz. Hof-Fechtmeistern. *Nürnberg, Lochner*, 1716-19; 2 vol. in-4 obl. nombr. fig. en taille-douce, vél. blanc.

Bel exemplaire d'un curieux ouvrage, dont les deux volumes se trouvent rarement réunis.

220. Traité des armes, par P.-J.-F. Girard, enseignant la manière de combattre de l'épée de pointe seule, toutes les gardes étrangères, l'espadon, les piques, hallebardes, bayonnettes au bout du fusil, etc. *La Haye, P. de Hondt*, 1740, in-4 obl., portrait et 116 planches en taille-douce, demi-rel. mar. rouge.

VII. BLASON. — NOBLESSE. — ARMORIAUX.

221. Le Blason des couleurs en armes, livrées et devises, pour sçavoir et cognoistre la vertu et proprieté des couleurs. Avec la manière de faire Devise, à toutes personnes, portans armes et couleurs, en leurs escus, enseignes et habitz (par Sicille). *Paris, pour Jean Bonfons, s. d.*, in-12, fig. sur bois, mar. bl. fil. tr. dor. *Aux armes.* (*Hardy-Mennil.*)

222. Le Blason des Armoiries, auquel est monstrée la maniere de laquelle les Anciens et Modernes ont usé en icelles. Traicté, contenant plusieurs Escus differens, par lesquels on peut discerner les autres, et dresser ou blasonner les Armoiries. Par Hierome de Bara. *Lyon*, *B. Vincent*, 1581. In-fol. blasons grav. en bois, mar. bleu, fil. tr. dor. *Aux armes.* (*Hardy-Mennil.*)

223. Emblemata nobilitati et vulgo scitu digna : singulis historijs symbola adscripta et elegantes versus historiam explicantes. Accessit Galearii expositio et disceptatio de origine nobilitatis. Omnia collecta et in æs incisa à Theodoro de Bry. *Francofurti ad M.*, 1592. In-12, obl. fig. en taille-douce, mar. bleu, fil. tr. dor. *Aux armes.* (*Hardy-Mennil.*)

Ce précieux petit volume a servi d'album ; quelques-unes des jolies figures manquent, d'autres ont été coloriées. On a ajouté quelques jolis dessins, et des blasons en or et couleurs.

224. L'Estat et comportement des armes. Livre autant utile que necessaire à tous gentilshommes et officiers d'armes, par M. Jehan Scohier. *Bruxelles*, *Mommaert*, 1597. In-fol., blasons color., mar. bleu, fil. tr. dor. *Aux armes.* (*Hardy-Mennil.*)

225. A Display of heraldrie, manifesting a more easie accesse to the knowledge there of than hath beene published by any, through the benefit of methods; where into it is now reduced by the study and industry of John Gvillim. *London*, 1638, in-fol., blasons gravés sur bois, demi-rel. maroq. rouge.

Cette troisième édition est regardée comme la plus correcte.

226. A Display of Heraldry, by John Guillim. The sixth edition, improv'd with large additions. *London*, 1724, gr. in-fol., figures, cuir de Russie, dent.

« Best edition of a work still in general use, and the best of that kind that was ever published. » Lowndes, p. 956.

227. Le Roy d'armes, ou l'Art de bien former, charger, briser, timbrer, parer, expliquer et blasonner les armoiries, par Marc Gilbert de Varennes. Seconde édition. *Paris, Nicolas Buon*, 1640, in-fol., mar. brun, fil. tr. dor. *Aux armes.* (*Hardy-Mennil.*)

228. Mercure armorial, enseignant les principes et elemens du blazon des armoiries, selon l'ordre et les termes qui se practiquent en cette science, par C. Segoing. *Paris, Clousier*, 1652, in-4, fig. sur bois, cart. dos de toile.

Bel exemplaire, avec les blasons coloriés.

229. Trésor héraldique, ou Mercure armorial, où sont demonstrées toutes les choses necessaires pour acquerir une parfaite connoissance de l'art de blazonner. Enrichy de figures et du blason des Maisons nobles et considérables de France et autres Royaumes et Estats de l'Europe. *Paris, Clouzier et Clément*, 1657, in-fol. Blasons gr. en bois, mar. rouge, fil. tr. dor. (*Petit.*)

230. Discours de l'origine des armes et des termes receus et usités pour l'explication de la science héraldique, orné et enrichi de blasons des roys, princes et autres maisons illustres de la chrestienté (par le P. Claude le Laboureur). *Lyon, Guill. Barbier*, 1658, in-4, blasons grav. en taille-douce, maroq. bleu, fil. tr. dor. *Aux armes.* (*Hardy-Mennil.*)

231. La Vraye et Parfaite Science des armoiries, ou l'Indice armorial de feu maistre Lovvan Geliot, apprenant et expliquant sommairement les mots et figures dont on se sert au blason des armoiries, et l'origine d'icelles. Augmenté par Pierre Palliot. *Dijon, chez l'Autheur ; à Paris, Fr. Léonard*, 1664, in-fol., blasons, mar. bleu, fil. tr. dor. *Aux armes.* (*Hardy-Mennil.*)

Notes manuscrites sur les marges, d'une écriture moderne. On y a reproduit les noms des familles nobles qui se trouvent sur les pages.

232. Origine des ornemens des armoiries, par le P. C.-F. Menestrier. *Lyon, Th. Amaulry,* 1680, in-12, fig., mar. bleu, fil. tr. dor. *Aux armes.* (*Hardy-Mennil.*)

233. L'Art du blason justifié, ou les Preuves du véritable art du blason, par le P. C.-F. Menestrier. *Lyon, Coral,* 1661, in-12, fig. mar. bleu, fil. tr. dor. *Aux armes.* (*Hardy-Mennil.*)

234. Nouvelle Méthode raisonnée du blason ou de l'Art héraldique du P. Menestrier, mise dans un meilleur ordre et augmentée... par M. L*** (Lemoyne). *Lyon, P. Bruyset Ponthus,* 1770, in-8, mar. bleu, fil. tr. dor. *Aux armes.* (*Hardy-Mennil.*)

Bel exemplaire.

235. Les Recherches du blason, seconde partie de l'Usage des armoiries (par le P. Menestrier). *Paris, Michallet,* 1673, in-12, fig. en taille-douce, cart. dos de toile.

236. La Devise du roy justifiée, par le P. Menestrier, avec un Recueil de cinq cents devises faites pour S. M. et toute la maison royale. *Paris, Michallet,* 1679, in-4, front. grav. vél. cordé.

237. Histoire du règne de Louis le Grand par les médailles, emblèmes, devises, jettons, inscriptions, armoiries et autres monumens publiques, par le P. C.-F. Menestrier. *Paris, R. Pepie et J.-B. Nolin,* 1699, in-fol. portrait de Menestrier et gravures, demi-rel. mar. rouge.

Exemplaire complet.

238. L'Art héraldique, contenant la manière d'apprendre facilement le blason, enrichy de figures nécessaires pour l'intelligence des termes. *Paris, Osmont,* 1672, in-12, blasons en taille-douce, mar. bleu, fil. tr. dor. *Aux armes.* (*Hardy-Mennil.*)

239. Traité singulier du blason, contenant les règles des armoiries, par Gilles-André de La Roque. *Paris, Journel*, 1681, in-12, mar. bleu, fil. tr. dor. *Aux armes.* (*Hardy-Mennil.*)

240. Méthode nouvelle pour apprendre l'art du blason, ou la Science des nobles par dialogues, avec un discours sur les Devises, Supports, Cimiers, Lambrequins et Tombeaux, etc. *Amsterdam, Daniel de la Feuille*, 1695, pet. in-4, front. gr. et fig. en taille-douce, veau.

241. Le Blason de France, ou Notes curieuses sur l'édit concernant la police des armoiries (par C***). *Paris, de Sercy et autres*, 1697, in-8, blasons, mar. bleu fil. tr. dor. *Aux armes.* (*Hardy-Mennil.*)

242. L'Art héraldique, contenant la manière d'apprendre facilement le blason. Enrichi des figures nécessaires pour l'intelligence des termes, par A. Playne. *Paris, Ch. Osmont*, 1717, pet. in-8, front. grav. et blasons color. veau.

243. Traité de la noblesse et de toutes ses différentes espèces. Nouvelle édition, augmentée des traitez de Blazon des armoiries de France : de l'origine des noms, sur-noms et du ban et arrière-ban, par de La Roque. *Rouen, P. le Boucher*, 1735, in-4, mar. bleu, fil. tr. dor. *Aux armes.* (*Hardy-Mennil.*)

244. Traité des marques nationales, tant de celles qui servent à la distinction d'une nation en général, que de celles qui distinguent les différents rangs des personnages dont cette nation est composée, et qui, les uns et les autres, ont donné origine aux armoiries, aux habits d'ordonnance des militaires, et aux livrées des domestiques, par Beraton de Morange de Peyrins. *Paris, G. le Mercier*, 1739, in-12, mar. fil. tr. dor.

245. Histoire de la Maison royale de France et des grands officiers de la couronne, par le R. P. Anselme. *Paris, Loyson,* 1664, 2 vol. in-4, mar. bleu, fil. tr. dor. *Aux armes.* (*Hardy-Mennil.*)

246. Le Palais de l'honneur, ou les Généalogies historiques des illustres maisons de France et de plusieurs nobles familles de l'Europe. Ensemble un traité particulier pour apprendre parfaitement la science du blazon, avec les armes gravées en taille-douce. *Paris*, *Loison,* 1668. — Le Palais de la Gloire, cont. les généalogies historiques des illustres maisons de France. *Paris*, *Loison*, 1664, 2 vol. en 1, in-4, mar. bleu, fil, tr. dor. *Aux armes.* (*Hardy-Mennil.*)

Le second volume commence par la page 283 ; mais il est parfaitement complet, d'après la table.

247. Tableaux généalogiques, ou les seize quartiers de nos rois depuis saint Louis jusqu'à présent, des princes et des princesses qui vivent, et de plusieurs seigneurs ecclésiastiques de ce royaume, par le Laboureur, avec un traité préliminaire de l'origine et de l'usage des quartiers pour les preuves de noblesse, par le P. Menestrier. *Paris, F. Coustelier*, 1683, 2 part. en 1 vol. in-fol., blasons gravés sur bois, veau. (*Aux armes.*)

248. Histoire des connestables, chanceliers et gardes des seaux, mareschaux, admiraux, sur-intendants de la navigation et généraux des galères de France, des grands-maistres de la maison du roy et des prevosts de Paris, ouvrage mis au jour par Jean le Féron, l'an 1555, reueu et continué iusque à présent et augmenté par Denys Godefroy. *Paris, Impr. royale*, 1658, gr. in-fol., blasons grav. en bois, mar. bleu, fil. tr. dor. *Aux armes.* (*Hardy-Mennil.*)

249. Liure des Armoiries qui appartiennent aux plus illustres maisons de France et principalement pour la Normandie, prises et extraictes d'un vieil

et ancien manuscript par le commandement de très-haute princesse Madame Leonor Dorleans, fame de messire Charles de Matignon, in-fol., manuscrit avec blasons noirs et color., vél. non rogné.

Éléonore d'Orléans épousa Charles de Matignon en 1596. Ce manuscrit est donc du commencement du dix-septième siècle, et probablement exécuté à Thorigny.

250. Armorial universel, contenant les armes des différentes maisons, estats et dignitez des plus considérables royaumes de l'Europe, blazonnées de leurs métaux et couleurs et enrichies de leurs ornemens extérieurs, par C. Segoing. *Paris, N. Bercy*, 1660, in-4, blas. grav. en taille-douce, mar. bleu, fil. tr. dor. *Aux armes.* (*Hardy-Mennil.*)

251. Le Nouveau Armorial universel, contenant les armes et blazons des maisons nobles et illustres de France, et autres royaumes et Estats de l'Europe, avec une parfaite connoissance de l'art du blazon. *Paris, Bessin*, 1662, in-fol., blason grav. en taille-douce, mar. bleu, fil. tr. dor. *Aux armes.* (*Hardy-Mennil.*)

Titre et gravures sans aucun texte.

252. Excellentium familiarum in Gallia genealogiæ, a prima earundem origine usque ad præsens ævum deductæ, auctore J.-W. Imhoff. *Norimbergæ*, 1687, in-fol. frontisp. et blasons grav. sur bois, demi-rel. mar. rouge.

253. Les Tombeaux (dans l'église des Célestins de Paris) des personnes illustres, avec leurs éloges, généalogies, armes et devises, par J. le Laboureur. *Paris, Jean le Bouc*, 1642, in-fol. frontisp. gr. et blasons en taille-douce, demi-rel. mar. rouge.

Bel exemplaire d'un ouvrage fort recherché.

254. Armorial des principales maisons et familles du royaume, particulièrement de celles de Paris et de l'Isle-de-France, par Dubuisson. *Paris, aux*

dépens de l'auteur, 1757, 2 vol. in-12, mar. bleu, fil. tr. dor. *Aux armes.* (*Hardy-Mennil.*)

Bel exemplaire.

255. Dictionnaire de la noblesse, contenant les généalogies, l'histoire et la chronologie des familles nobles de France, par la Chesnaye des Bois. *Paris, veuve Duchesne et l'auteur*, 1770-1786, 15 vol. in-4, portr. mar. bleu, fil. tr. dor. *Aux armes.* (*Hardy-Mennil.*)

Très-bel exemplaire. Cette édition n'a été nullement effacée par la réimpression moderne.

256. Dictionnaire des ennoblissemens, ou Recueil des lettres de noblesse, depuis leur origine, tiré des registres de la Chambre des comptes et de la Cour des aides de Paris. *Paris, au palais Marchand*, 1788, 2 tomes en 1 vol. in-8, mar. bleu, fil. tr. dor. *Aux armes.* (*Hardy-Mennil.*)

Exemplaire relié sur brochure.

257. Liste des noms des ci-devant nobles, nobles de race, robins, financiers, intrigans, et de tous les aspirans à la noblesse, ou escrocs d'icelle, avec des notes sur leurs familles (par Dulaure). *Paris, Garnery, l'an second de la liberté*, 3 part. en 1 vol. in-8, mar. rouge, fil. tr. dor. *Aux armes.* (*Hardy-Mennil.*)

258. Création des chevaliers de l'ordre du Saint-Esprit, faits par Louis le Grand, ou armorial historique des chevaliers de l'ordre, très-exactement recherché, blazoné et orné de suport et de cimiers, par le sieur F. de la Pointe. *Paris*, 1689, gr. in-4, près de 200 planches en taille-douce, v.

259. Histoire du mareschal de Guebriant, avec l'histoire généalogique de la maison du même mareschal et de plusieurs autres des principales de Bretagne... et Histoire généalogique de la maison des Budes, par J. le Laboureur. *Paris, P. l'Amy*, 1657, 2 tomes en 1 vol. in-fol., portr. par Nan-

teuil et blasons grav. sur bois, demi-rel. mar. r.

Exemplaire Louis-Philippe.

260. Catalogues et armoiries des gentilshommes qui ont assisté à la tenue des états-généraux du duché de Bourgogne, depuis l'an 1548 jusqu'à l'an 1682, tirés des registres de la chambre de noblesse. *Dijon*, *Durand*, 1760, gr. in-fol. frontisp. gr. et 36 pl., veau mar. fil. tr. dor.

Très-bel exemplaire.

261. Jeu de cartes françaises représentant des blasons, avec une explicatiou en allemand, vers 1700.

Manquent le valet et le cinq de carreaux.

262. Le Jardin d'armoiries, contenant les armes de plusieurs nobles royaumes et maisons de Germanie-Inférieure, œuvre autant noueau que proufitable à tous amateurs du noble exercice d'armes (par Jean Lautte). *Gendt*, *Gheraert Salenson*, 1577, pet. in-8, blasons grav. en bois, veau, fil.

Volume rare, contenant de nombreuses armoiries de familles belges.

263. Miroir des nobles de Hasbaye, composé en forme de chronique, par Jacques de Hemricourt, où il traite des généalogies de l'ancienne noblesse de Liége et des environs depuis 1102 jusques en l'an 1398, mis du vieux en nouveau langage, par le sieur de Salbray. *Bruxelles*, *Fricx*, 1673, in-fol. mar. rouge, fil. tr. dor. *Aux armes*. (*Hardy*.)

Magnifique exemplaire, dont toutes les planches et les blasons sont anciennement coloriés.

264. Thesaurus insigniorum, das ist auserläsenes Wappenbuch von vil und mancherlay Nationen, durch Joan. Caspar von Leuwen, genant Baldung, 1604, in-fol. vél.

Volume précieux, présentant une méthode du blason d'après le même système que Geliot a employé. Il est dédié à l'archiduc Maximilien d'Autriche, et orné de 2,765 grands blasons en couleurs, d'une exécution artistique, dessinés et coloriés par C. van Leuwen lui-même.

265. Das grosse, anfangs Siebmacherische, hernach Fuerstische und Weigelische Wappenbuch. (Le grand Armorial universel de l'empire romain et allemand, commencé par J. Siebmacher et continué par Fuerst, Helmer et Weigel.) *Nürnberg, Weigel et Raspe*, 1734, *et années suiv.*, 6 parties et 12 supplém. rel. en 4 vol. in-fol. v.

Ce grand armorial, complet avec tous les douze suppléments, est devenu très-rare. Il contient 1,550 planches, avec plus de 16,000 blasons. (Brunet, *Manuel*, vol. V, 374.) La planche 24 du douzième supplément est dessinée à la plume. Bel exemplaire.

266. Die höchste Zierde Teutsch-Landes, und Vortrefflichkeit des Teutschen Adels, vorgestellt in der Reichs-Freien Rheinischen Ritterschafft... durch J. M. Humbracht. *Franckfurt*, 1707, in-fol. demi-rel. mar rouge.

Histoire généalogique de la noblesse du cercle rhénan de l'Allemagne. Exemplaire avec les blasons coloriés.

267. Stammbuch. (Généalogie de Wolf et Antoine de Salhausen et de Marie et Barbara Bock.) In-fol., veau brun à riches compart. en or, tr. dor. gaufr. (*Reliure datée de* 1585.)

Ce magnifique album contient 58 grands blasons coloriés et rehaussés d'or et d'argent, dessinés dans des cartouches gravés *ad hoc* (sept de ces cartouches sont encore en noir).

Le volume concerne, en général, la noblesse de la Silésie.

268. Corpus historiæ genealogicæ Italiæ et Hispaniæ, in quo stirpium utriusque regni primariarum genealogiæ exegesi historica perpetua illustratæ, ordine alphabetico exhibentur, recensente J. W. Imhof. *Norimbergæ*, 1702, in-fol., blasons grav. sur bois, demi-rel. mar. rouge.

Dans le même volume : J.-G. Imhof, Stemma regium lusitanicum. *Amstelædami, Chatelain*, 1708.

269. Histoire de tous les ordres militaires ou de chevalerie, contenant leurs institutions, leurs cérémonies, leurs pratiques..., avec leurs vêtements, leurs armes et leurs devises, gravées en cuivre par Adr. Schoonebeek. *Amsterdam, Desbordes*, 1699, 2 vol. pet. in-8, 115 planches, veau.

Exemplaire Guyon de Sardière.

270. Abbildungen der Orden. Costumes des Ordres réguliers et séculiers. 124 planches et un certain nombre de cahiers de texte en allemand, par Schwan. — Représentation des ordres de chevarie, 56 planches et des cahiers de texte en allemand. *Manheim*, 1791, 2 vol. in-4, demi-rel. mar. rouge. (*Petit.*)

Les planches, d'une assez belle exécution et soigneusement coloriées, portent des souscriptions en français et en allemand.

271. Histoire de la milice françoise, et des changemens qui s'y sont faits depuis l'établissement de la monarchie dans les Gaules jusqu'à la fin du règne de Louis le Grand, par le R. P. Daniel. *Paris, Coignard*, 1721, 2 vol. in-4, fig. mar. rouge. fil. tr. dor. *Aux armes.* (*Hardy-Mennil.*)

272. Histoire générale des ordres de chevalerie existant en Europe, empire français, Légion d'honneur. *Paris*, 1811, gr. in-4, fig. color. br.

TOPOGRAPHIE. — HISTOIRE.

273. Exploration scientifique de l'Algérie pendant les années 1836 à 1840. *Paris*, 1844 *et années suivantes.* (*Exemplaire relié par Petit.*)

a) Sciences historiques et géographiques. 16 vol. gr. in-8, cartes, demi-rel. mar. rouge, non rog.

b) Sciences médicales, par Périer. 2 vol. gr. in-8, demi-rel. mar. rouge, non rog.

c) Recherches de physique générale, par Aimé. 2 vol. gr. in-4. demi-rel. mar. r. non rog.

d) Géologie de l'Algérie, par Renou. In-4, demi-rel. mar. rouge, non rogné.

e) Botanique, par Bory de Saint-Vincent et Durieu de Maisonneuve. 2 vol. de texte, sans titres, 600 et 240 pages, et 90 planches coloriées en ff. en carton.

f) Histoire des animaux articulés, par Lucas (crustacés, arachnides, insectes). Suite complète, 3 vol. gr. in-4, nombreuses gravures coloriées, demi-rel. mar. r. non rog.

g) Reptiles et poissons, par Guichemot. 1 vol. gr. in-4, fig. col. demi-rel. mar. r. non rog.

h) Mollusques, par Deshayes; 1 vol. de texte et atlas de 143 planches color. 2 vol. in-4, demi-rel. mar. r. non rog.

i) Mammifères et oiseaux, par Deshayes ; titre et 21 planches color. Grand in-4, en carton.

j) Archéologie, par Delamarre ; titre et 193 planches. Gr. in-4, en carton.
k) Beaux-arts, architecture et sculpture, par A. Ravoisié, vol. I. Grand in-fol. demi-rel. mar. rouge, non rog. — Vol. II, texte jusqu'à la page 26, et 70 planches. — Vol. III, pl. 4 à 8, 10, 12 à 19, 21-27, 29-30, 32 à 41, 43, 45-46, 50-51, 53-62, 66-67, 69-70. (*En carton.*)

274. Plan de Paris, commencé en l'an 1734, dessiné et gravé sous les ordres de Turgot, levé par Louis Bertez, grav. par Claude Lucas. *Paris*, 1739, gr. in-fol. mar. rouge, dent. tr. dor. (*Aux armes de la ville de Paris.*)

Exemplaire avec le tableau d'assemblage.

275. Notitia Marchionatus Sacri Romani Imperii, hoc est urbis et agri Antverpiensis, oppidorum, dominiorum, monasteriorum, castellorumque descriptio, autore J. le Roy. *Amstelædami, Albertus Magnus*, 1678, in-fol., nombreuses planches, demi-rel. mar. r.

Bel exemplaire, avec toutes les planches pliées, de cet ouvrage rare et recherché.

276. Topographia historica Gallo-Brabantiæ, qua Romanduæ oppida, municipia et dominia illustrantur, atque monasteria, nobiliumque prætoria castellaque in æs incisa exhibentur, auctore J. Barone le Roy. *Amstelædami, Allard*, 1692, in-fol., fig. de Harrewyn, demi-rel. mar. rouge.

Bel exemplaire d'un ouvrage assez rare,

277. Relation du voyage de Sa Majesté britannique en Hollande, et de la réception qui lui a été faite... avec un récit abrégé de ce qui s'est passé de plus considérable depuis l'arrivée de Sa Majesté en Hollande, le 31 de janvier, jusqu'à son retour en Angleterre au mois d'avril 1691, et l'heureux succès de l'expédition d'Irlande... (par Tronchin du Breuil). *La Haye, Arnout Leers*, 1692, in-fol. frontisp. et figures, v. br.

Ouvrage intéressant et curieux pour les 15 belles figures, frontispice compris, gravées par Rom. de Hooghe, dont il est orné.

278. Commentaires de messire Blaise de Monluc, mareschal de France. *Bourdeaus, par S. Millan-*

ges, 1592, 2 tomes en 1 vol. pet. in-8, maroq. r. fil. tr. dor. *Aux armes.* (*Hardy-Mennil.*)

279. Responce à un certain escrit, publié par l'admiral et ses adhérans, prétendans couvrir et excuser la rupture qu'ils ont faite de l'Edict de pacification, et leurs nouueaux remuemens et entreprinses cõtre l'Estat du Roi, et le bien et repos de ses subjectz. *A Paris, chez Claude Fremy*, 1568, pet. in-8, 36 ff. cart.

Écrit violent contre l'amiral de Coligny.

280. Mémoires des sages et royales œconomies d'estat, domestiques et militaires de Henry le Grand, et des servitudes, obéissances convenables es administrations loyales de Maximilian de Béthune. *A Amstelredam*, *Alethinosgraphe de Clearetrimelée et Graphexechon de Pistariete, s. d.*, in-fol. demi-rel. mar. rouge.

Édition originale, imprimée au château de Sully par un imprimeur d'Angers.

281. Mémoires de Maximilien de Béthune, duc de Sully, mis en ordre, avec des remarques (par l'abbé de l'Ecluse des Loges). *Londres* (*Paris*), 1745, 3 vol. in-4, veau f. (*Belle rel. anc. au chiffre de Guyon de Sardière.*)

Exemplaire dans lequel on a inséré la suite des portraits d'Odieuvre.

282. Discours des somptueuses funérailles de très-chrestien... Henry le Grand, roy de France et de Navarre, faictes par Monseigneur de Tournon, en sa ville, les 28, 29, 30 juillet 1610. Ensemble l'oraison funèbre ditte au même lieu par le R. P. J. Arnoux. *Tournon, Claude Michel*, 1610, in-4, fig. mar. bleu, fil. tr. dor. *Aux armes.* (*Hardy-Mennil.*)

283. La Guerre des singes et des marmouzets, représentée par un discours véritable de ce qui s'est passé à la Rochelle, le vendredy 11 jour de janvier 1613, sur le sanglant dessein des factieux contre leurs compatriotes. *S. l.*, 1613, pet. in-8,

30 pages et 1 f, blanc, mar. r. fil. tr. dor. *Aux armes.* (*Hardy-Mennil.*)

Pièce curieuse et très-rare, contre les députés protestants qui s'étaient réunis à la Rochelle.

284. Histoire du mareschal de Toiras, où se voient les effets de la valeur et de la fidélité, avec ceux de l'envie et de la jalousie de la cour, ennemies de la vertu des grands hommes, ensemble une bonne partie du règne de Louis XIII, par le sieur Michel Baudier. *Paris, Cramoisy*, 1644, in-fol., beau portrait par Huret, blasons et gravures en taille-douce, demi-rel. mar. r.

285. Histoire du vicomte de Turenne, maréchal général des armées du roy, par de Ramsay. *Paris, veuve Mazières et J.-B. Garnier*, 1735, 2 vol. in-4, portr. et figures, v. br.

286. Révolutions de Paris, dédiées à la nation et au district des Petits-Augustins, publiées par le sieur Prudhomme à l'époque du 12 juillet 1789 (jusqu'au 10 février 1794). *Paris*, 1789-94, 17 vol. in-8, demi-rel. dos et coins de mar. brun.

287. Eloge historique du général d'Hautpoul (par Poilleau). *Paris*, 1807, in-8, gr. pap. vél., mar. rouge, doubl. de tabis fil. tr. dor. (*Aux armes de Napoléon Ier.*)

288. Mémoires du duc de Montpensier (Antoine-Philippe d'Orléans), prince du sang. *Paris, Imprimerie royale*, 1837, in-8, pap. vél. portr. mar. rouge, doubl. de tabis, tr. dor.

289. Histoire de Jean Churchill, duc de Marlborough. *Paris, Imprim. impériale*, 1808, 3 vol. in-8, portr. et fig. br.

290. Médailles du règne de Louis XV, par Godonnesche. *Paris, s. d.*, gr. in-4, 57 ff. entièrement gr. mar. rouge, fil. tr. dor. *Aux armes.* (*Hardy-Mennil.*)

FIN.

www.ingramcontent.com/pod-product-compliance
Ingram Content Group UK Ltd.
Pitfield, Milton Keynes, MK11 3LW, UK
UKHW022137260726
13993UKWH00003B/1494

9 782329 518657